SAPHIR 5/6

Religionsbuch für junge Musliminnen und Muslime

Herausgegeben von
Lamya Kaddor, Rabeya Müller und Harry Harun Behr

Erarbeitet von
Sara El Abrache, Stefanie Alhayari, Musa Bagrac, Bernd Ridwan Bauknecht, Luise Becker, Mohammad-Tamim Hakimi, Zilka Idrizović, Miyesser Ildem, Ute Jarallah, Nurçan Karatepe, Çiğdem Mercan-Ribbe, Ina Al-Moneyyer, Mirsad Nikšić

Kösel

Saphir
Islamisches Religionsbuch für junge Musliminnen und Muslime

Herausgegeben von Lamya Kaddor, Rabeya Müller und Harry Harun Behr,
mit schulbuchdidaktischer Beratung von Werner Haußmann, Nürnberg.
Die das Judentum betreffenden Passagen wurden durchgesehen von Rahel Herweg, Berlin.

Saphir 5/6

Erarbeitet von
Sara El Abrache, Stefanie Alhayari *(verantwortlich für das Team Bayern)*,
Musa Bagrac *(verantwortlich für das Team Niedersachsen)*,
Bernd Ridwan Bauknecht, Luise Becker *(verantwortlich für das Team Nordrhein-Westfalen)*,
Mohammad-Tamim Hakimi, Zilka Idrizović, Miyesser Ildem, Ute Jarallah, Nurçan Karatepe,
Çiğdem Mercan-Ribbe, Ina Al-Moneyyer, Mirsad Nikšić

FSC
Mix
Produktgruppe aus vorbildlich bewirtschafteten
Wäldern und anderen kontrollierten Herkünften
www.fsc.org Zert.-Nr. GFA-COC-1298
© 1996 Forest Stewardship Council

Verlagsgruppe Random House FSC-DEU-0100
Das für dieses Buch verwendete FSC-zertifizierte Papier
PraxiMatt liefert die „Deutsche Papier Vertriebs GmbH".

Umschlag: Kaselow Design, München, unter Verwendung eines Ornaments von Maria Ackmann, Hagen
Illustration: Ulrike Bahl, Hamburg
Kalligrafien: Andeas Ismail Mohr, Hagen
Ornamente: Maria Ackmann, Hagen
Notensatz: Christa Pfletschinger, München
Satz: Kösel-Verlag, München
Druck und Bindung: Kösel, Krugzell
Printed in Germany

ISBN 978-3-466-50782-5

www.koesel.de

Vorwort

Liebe Schülerinnen und Schüler, *as-salāmu ᶜalaikum*!

Ihr haltet nun euer Schulbuch für den Islamunterricht in der Hand: *Saphir 5/6* heißt es. Wie ein Edelstein soll es euch begleiten und seine kostbaren Seiten nach und nach zum Leuchten bringen.

In 15 Kapiteln informiert es euch über grundlegende und wichtige Themen des Islams. Hier könnt ihr viel über Gott ﷻ und seinen Gesandten ﷺ und auch über das Leben in Deutschland erfahren. *Saphir 5/6* will euch aber nicht nur fertiges Wissen vorlegen. Ihr findet Bilder und Texte zum Nachdenken, Ideen zum Ausprobieren und viele Anregungen für den Unterricht. *Saphir 5/6* will euch ermutigen, eure eigenen Fragen zu stellen und im Qur'ān und miteinander nach Antworten zu suchen. Auf den folgenden Seiten findet ihr eine Übersicht über die Themen im *Saphir* für das 5. und 6. Schuljahr.
Bei zahlreichen Vorschlägen könnt ihr selbst etwas gestalten und präsentieren.
Manche Aufgaben können euch eine längere Zeit beschäftigen, z.B. als **Projekt**.

Wie ihr sicherlich wisst, spielt die arabische **Sprache** eine wichtige Rolle für Musliminnen und Muslime und ihren Glauben. Aber auch diejenigen, die nicht Arabisch sprechen, sollen die Wörter, die für die Religion wichtig sind, gut lesen und aussprechen können. Daher findet ihr im *Saphir* eine Lautschrift, die ihr leicht lesen könnt.
Die hinter den Wörtern „Gott" und „Muhammad" hochgestellten Zeichen ﷻ und ﷺ zeigen „gepriesen und erhaben ist ER" bzw. „der Friede sei auf ihm" in arabischer Schrift.
Auf die Suren und Verse aus dem Qur'ān wird so hingewiesen: 2:138.

Im **Lexikon** werden wichtige Begriffe erklärt, die im *Saphir* vorkommen. Aus den kurzen Texten erfahrt ihr interessante Hintergründe. Die Wörter, die ihr im Lexikon finden könnt, sind in den Kapiteln durch blaue Unterstreichungen gekennzeichnet, z. B. Erlaubtes.
Wir glauben und hoffen, dass *Saphir* euch hilft, den Islam in all seiner Vielfalt und Schönheit kennenzulernen. Wir verabschieden uns von euch mit einem

as-salāmu ᶜalaikum wa-rahmatu llāhi wa-barakātuhu.

Lamya Kaddor, Rabeya Müller und Harry Harun Behr

Inhalt

11 Gleiches Recht für alle! 123

12 Gott ﷻ im Gegenüber begegnen 135

13 Am Frieden arbeiten 147

14 In Deutschland leben 159

15 Warum und wie wir feiern 171

Gott ist das Licht
der Himmel und
der Erde …
Licht über Licht.

24:35

اَللّٰهُ
نُورُ ٱلسَّمٰوَاتِ
وَٱلْأَرْضِ
نُورٌ عَلَىٰ نُورٍ

Gott ist das Licht
im Himmel und
auf der Erde …
ER überstrahlt
alles Licht.

Es kann
nur einen
geben!

1 Gott auf die Spur kommen

Gott ﷻ beim Namen nennen

- Diese Sätze habt ihr bestimmt schon einmal gehört. Wisst ihr, was sie bedeuten? Erkundigt euch danach.
- Findet weitere Beispiele für solche Redewendungen, in denen der Name Gottes ﷻ auftaucht.

… im Glaubenszeugnis

Aschhadu
al-lā
ilāha
illa-llāh
wa aschhadu
anna
muhammadan
rasūlu-llāh.

Ich bezeuge,
dass es keine
Gottheit
außer Gott ﷻ
gibt, und
ich bezeuge,
dass
Muhammad ﷺ
der Gesandte
Gottes ﷻ ist.

◆ In welchen Situationen sprechen Musliminnen und Muslime dieses Glaubenszeugnis (*schahāda*) aus? Schaut auch auf Seite 47 nach!

„Betet MICH an …

Wie sieht Gottﷻ aus? Weder Fantasie noch Verstand reichen aus, diese Frage zu beantworten. Die Menschen haben außerdem so ihre eigenen unterschiedlichen Vorstellungen. Im Qur'ān und in den Aussprüchen Muhammads *(hadīth)* finden sich aber die sogenannten „99 schönsten Namen" Gottesﷻ. Sie beschreiben Wesenszüge Gottesﷻ und helfen zu verstehen, wie ER ist und was ER tut – ein guter Weg, IHN besser kennenzulernen.

der Verborgene der Schutzherr
der Vergelter der Vergeber
der Inhaber aller Reichtümer
der Unparteiische der Versammler
der Wohltäter das Licht der Führer

- Mit diesen Namen werden Eigenschaften und Fähigkeiten Gottesﷻ bezeichnet (siehe auch Seite 13).
  Welche der Bezeichnungen treffen deiner Meinung nach nur auf Gottﷻ zu, welche auch auf Menschen – und welche davon vielleicht auf dich?
- Häufig gibt es unterschiedliche Bezeichnungen für ein und denselben Gegenstand. Findet Beispiele und schreibt sie auf! Überlegt auch, was der Grund dafür sein könnte, und notiert eure Gedanken in ein paar kurzen Sätzen!
- Im Glaubenszeugnis *(schahāda)* auf Seite 9 ist eine Eigenschaft Gottesﷻ verborgen. Diese Eigenschaft ist gleichzeitig einer der 99 Namen Gottesﷻ.

mit MEINEN schönsten Namen!“

der Barmherzige der Gnädige der König der Heilige
der Kontrollierende der Teure
der Schöpfer
der Verzeiher der Unterwerfer
der Allwissende der Einschließende
der Erniedriger der Erhöher der Ehrende
der Hörende der Sehende
die Gerechtigkeit
der Milde der Nachsichtige der Großartige
der Verzeihende der Dankbare
der Hohe der Große
der Ernährende der Berechnende
der Wächter der Erhörer der Umfassende
der Ruhmreiche der Erweckende
der Zeuge
der Wahrhaftige der Beschützer der Kraftvolle
der Herrscher der Lobenswerte
der Urheber
der Lebensspender der Abberufende
der Beständige der Seingebende
der Glorreiche der Einzige der Eine
der Absolute der Bemessende der Mächtige der Vorverlegende
der Aufschiebende der Erste der Letzte der Offenbarer
der Erhabene der Gütige der Verzeiher
der Barmherzige
der Herr der Majestät und der Ehre
der Unabhängige der Befreiende der Schützende der Erzeuger der Not
der Erfinder der Bleibende der Erbende der Lenker der Geduldige

Gottﷻ ist …

- Die Begriffe und die dazugehörenden Symbole bezeichnen Gottﷻ. Die deutschen Bezeichnungen findet ihr unter den 99 schönsten Namen Gottes (auf den Seiten 10 und 11).
- Überlegt euch Symbole zu anderen der 99 Namen Gottesﷻ und zeichnet sie – zum Beispiel zu „Der Friede" *(al-salām)* oder „Der Liebende" *(al-wadūd)*.
- Es gibt unter den 99 Namen Gottesﷻ bestimmt einen, der dir besonders wichtig ist. Erzähle deiner Partnerin, deinem Partner davon.
- Gottes Gerechtigkeit wird immer zusammen mit Gottes Barmherzigkeit genannt. Ihr könnt Gründe dafür finden.

Im Mittelpunkt des Islams steht der Glaube an den einen Gott. ER ist der Einzige. ER bestimmt den Anfang und das Ende aller Dinge. Zu IHM kehren alle Menschen zurück. Der Qur'ān lehrt in Sure 112, dass nichts mit IHM vergleichbar ist. Das stellt für denjenigen Menschen, der nach Gott sucht, eine große Herausforderung dar: Wie kann er eine Beziehung zu jemandem aufbauen und ihm vertrauen, den er nicht sehen kann? An Gott zu glauben, heißt für jeden einzelnen Menschen, eine eigene Vorstellung von Gott zu gewinnen.

Die „99 schönsten Namen Gottes" im Qur'ān helfen sowohl dem einzelnen Muslim als auch der Glaubensgemeinschaft aller Muslime *(umma)*, sich Gott vorzustellen und über ihn zu sprechen. Mit den 99 schönsten Namen Gottes kann jeder Mensch einen Zugang zu Gott finden, zum Beispiel im Gebet.

Gottes Wesen	dhātī	ذاتي
1. Gott ist da.	*al-wudschūd*	الوجود
2. Gott hat keinen Anfang.	*al-qidam*	القدم
3. Gott hat kein Ende.	*al-baqā'*	البقاء
4. Gott ist der Einzige.	*al-wahdaniyya*	الوحدنية
5. Gott ist unvergleichbar.	*al-mukhālafatu lil-hauādith*	المخالفة للحوادث
6. Gott ist unabhängig.	*al-qiyām bi nafsih*	القيام بنفسه

Gottes Handeln	thubūtī	ثبوتي
1. Leben	*al-hayā*	الحياة
2. Wissen	*al-ᶜilm*	العلم
3. Hören	*al-samᶜ*	السمع
4. Sehen	*al-basar*	البصر
5. Wollen	*al-irāda*	الإرادة
6. Können	*al-qudra*	القدرة
7. Sprechen	*al-kalām*	الكلام

- Fertige eine Personenbeschreibung deiner Partnerin oder deines Partners an! Beschreibe dabei nicht nur äußere Merkmale, wie zum Beispiel Frisur oder Kleidung, sondern auch die positiven Merkmale (Verhalten, Charakter, Begabungen ...).
- Tragt eure Ergebnisse in einer Tabelle zusammen und erstellt eine Liste von Merkmalen für eure Lerngruppe. Ihr braucht dabei keine Namen zu nennen.
- Lies den Text oben auf dieser Seite noch einmal sorgfältig durch! Was bedeutet es für dich selbst, Gott mit deinen fünf Sinnen nicht begreifen zu können? Denk darüber nach, tausche dich mit anderen aus, schreibe einen kurzen Text.
- Es gibt viele Dinge, von denen man weiß, dass es sie gibt, obwohl man sie nicht sehen kann ...

Unfassbar ...?

*Eines Tages saßen der junge Abu Hanīfa und sein Gast, ein älterer Mann, zusammen im Garten und führten ein Streitgespräch. Der Gast hatte so seine Zweifel, ob es Gott*ﷻ *überhaupt gebe ...*

Gast: „Nun erklär mir mal: Wenn es stimmt, dass es Gott gibt – Wieso kann ich ihn nicht sehen?"
Abu Hanīfa war mit dieser Frage vertraut. Er wusste aber auch, dass sein Gast ungeduldig und nur schwer durch Worte zu überzeugen war. Sie diskutierten nun schon den ganzen Nachmittag miteinander.
Abu Hanīfa: „Lass uns vorher ein Glas Milch trinken, und dann antworte ich dir."
Gast: „Das soll mir recht sein. Ich habe auch schon einen ganz trockenen Mund vom vielen Reden."

Den beiden wurde ein Tablett gebracht, auf dem zwei Gläser Milch und ein Schälchen mit süßem Traubensirup standen. Der Gast ließ ein wenig Sirup in seine Milch fließen, um sie zu süßen. Er rührte um und trank einen Schluck – gestärkt für die Fortsetzung des Gesprächs.

Abu Hanīfa aber forderte ihn auf: „Hier, nimm Sirup und süße deine Milch!"
Der Gast winkte ab: „Ich habe meine Milch gerade gesüßt. Antworte mir jetzt lieber auf meine Frage!"
Abu Hanīfa aber war beharrlich: „Nein, bitte sehr, süße doch erst deine Milch. So schmeckt sie nicht!"
Der Gast wurde laut: „Sie ist schon süß, und sie schmeckt! Hörst du?"

Abu Hanīfa ignorierte das und wiederholte seine Aufforderung noch mal. Sein Gast war kurz davor, die Beherrschung zu verlieren.

Da sagte *Abu Hanīfa*: „Schon süß? Ich glaube dir kein Wort!"
Der Gast war verwirrt: „Was soll das? Hast du nicht gesehen, wie ich meine Milch gesüßt habe?"
Abu Hanīfa: „Nein, leider nicht. Aber wenn du mir den Sirup in deiner Milch zeigst, dann will ich dir glauben."
Der Gast erwiderte: „Das ist doch dummes Zeug! Natürlich kann ich dir den Sirup in meiner Milch nicht zeigen. Aber probier doch einen Schluck von meinem Glas, dann ..."

Da hielt der Gast inne und dachte nach. Er griff sich an den Kopf und lächelte.

„Ich glaube, ich habe dich verstanden ..."

- Was genau hat der Gast verstanden? Formuliere mit eigenen Worten eine „Antwort" von Abu Hanīfa!
- Zur Diskussion: Wäre es nicht einfacher, alle Menschen könnten Gottﷻ sehen? Welchen tieferen Sinn vermutet ihr dahinter, dass Gottﷻ entdeckt und „geschmeckt" werden will?
- Betrachte das Foto auf dieser Seite. Wenn du es berührst, dann spürst du nur Papier. Nun stell dir vor, du wärst selbst dort, in diesem Garten: Was könntest du spüren, riechen, schmecken, entdecken? Was davon wäre sichtbar, was nicht?

Menschen ...

Woher kommt der Mensch?

Warum gibt es Glück und Leid?

Warum gibt es Leben und Tod?

Was ist gut und was ist schlecht?

Gibt es ein Leben nach dem Tod?

Auf solche Fragen gibt es keine einfachen Antworten. Über diese Dinge nachzudenken, gehört zur menschlichen Natur. Religionen haben hier ihren Ursprung.
Weil es verschiedene Religionen gibt, sind die religiösen Vorstellungen der Menschen unterschiedlich. Aber ihre gemeinsame Quelle liegt in diesen Fragen der Menschen.
Einige Religionen weisen auf Gott hin, andere nicht.
Der Islam ist eine der Religionen, die auf Gott bezogen sind.

Es ist spannend, Menschen mit einer anderen Religion kennenzulernen. Dabei könnt ihr Gemeinsamkeiten und Unterschiede entdecken.
Man ist an das gewöhnt, was man schon kennt. Es kann aber auch vorkommen, dass man Vertrautes am Mitmenschen mit einer anderen Religion und Lebensweise entdeckt, und Neues an sich selbst ...

- Tragt zusammen, welche Gemeinsamkeiten der Religionen ihr kennt.
- Überlegt, was euch in der Klasse verbindet, was ihr für Gemeinsamkeiten habt. Stellt dann auch fest, worin ihr euch unterscheidet.
- Vielleicht wollt ihr ein Rollenspiel entwickeln: Spielt, wie eine Unterschiedlichkeit zum Streit führt. Wie können euch eure Gemeinsamkeiten aus dem Streit herausführen?
- Für Denker: Der Qur'ān weist darauf hin, dass Gott die Menschen nicht auf eine einzige, für alle gleiche religiöse Lebensweise festgelegt hat. Warum befürwortet der Islam wohl die Vielfalt an Religionen? Wären nicht alle Probleme der Menschen gelöst, wenn alle eine einzige gemeinsame Religion hätten? Ihr könnt diese Fragen in der Gruppe diskutieren und stichwortartig eure Argumente notieren.

… auf der Suche nach Gott

Höre, Israel!
Jahwe, unser Gott, Jahwe ist einzig.
Darum sollst du den Herrn, deinen Gott,
lieben mit ganzem Herzen,
mit ganzer Seele und mit ganzer Kraft.

Aus der Hebräischen Bibel, 5. Buch Mose 6,4

Ich glaube an Gott,
den Vater, den Allmächtigen,
den Schöpfer des Himmels und der Erde,
und an Jesus Christus,
seinen eingeborenen Sohn, unsern Herrn …
Ich glaube an den Heiligen Geist …

Aus dem christlichen Glaubensbekenntnis

Gottes ist der Orient!
Gottes ist der Okzident!
Nord- und südliches Gelände
Ruht im Frieden seiner Hände!

Er, der einzige Gerechte,
Will für jedermann das Rechte.
Sei von seinen hundert Namen
Dieser hochgelobet! Amen.

Johann Wolfgang von Goethe

Ich bezeuge:
Es gibt keine Gottheit
außer dem einen Gott …

Islamisches Glaubenszeugnis

Dann beginnt der Tag

Ein Rabbi fragte seine Schüler, wann die Nacht aufhört und der Tag beginnt.
Einer der Schüler antwortete: „Beginnt der Tag, wenn man einen Ölbaum von einem Feigenbaum unterscheiden kann?“ Der Rabbi verneinte.
Ein zweiter Schüler antwortete: „Beginnt der Tag, wenn man einen Esel von einem Hund unterscheiden kann?“ Wieder verneinte der Rabbi.
Darauf drängten die Schüler den Rabbi: „Sag uns doch die richtige Antwort. Wann hört die Nacht auf und wann beginnt der Tag?“
„Wenn du einen Menschen ansiehst und in seinem Gesicht die Züge deines Bruders oder deiner Schwester erkennst, dann hat der Tag begonnen“, sagte der Rabbi.

Jüdische Legende

„ICH antworte dem Ruf des Rufenden, wenn er MICH ruft!“ 2:186

- Gott ﷻ möchte angesprochen werden. Er verspricht zu antworten. In den Tagebucheinträgen der muslimischen Kinder ist davon die Rede. Tauscht euch in Gruppen über ähnliche Erfahrungen aus. In Kapitel 4 findet ihr weitere Anregungen.
- Manchmal dauert es ziemlich lange, bis man eine Antwort erkennt …
- Die beiden Schutzsuren findet ihr im Qur'ān in den Suren 113 und 114. Viele Musliminnen und Muslime kennen sie auswendig. Erkundigt euch, in welchen Situationen sie aufgesagt werden.

WIR erschufen den Menschen in bester Gestalt.

95:4

Gott hat die Menschen als schöne und gute Wesen erschaffen.

لَقَدْ خَلَقْنَا ٱلْإِنسَانَ
فِىٓ أَحْسَنِ تَقْوِيمٍ ۝

Wahre Schönheit kommt von innen!

2 Glauben macht schön

Schön? … Hässlich?

- Diskutiert darüber, was eurer Meinung nach hier schön, was hässlich ist.
- Sammelt weitere Bilder von Dingen, die man auf den ersten Blick als hässlich bezeichnen könnte.
- Findet Schönheit im Unscheinbaren und begründet eure Ansicht.

Un-Ordnung

- Sucht euch eine Situation aus: Spielt das Streitgespräch nach und überlegt, was die Kinder sagen und denken könnten.
- Es gibt verschiedene Möglichkeiten, Streit zu schlichten. Überlegt euch, wie die beiden Kinder sich versöhnen können. Malt oder schreibt die Geschichte zu Ende.

Gott ﷻ **hat die Erde in einer Ordnung erschaffen.**
So lasst uns alle diese Ordnung bewahren.

7:56

- Überlegt euch, was ihr tun könnt, um eure nähere und fernere Umwelt zu schützen.
- Wenn es solche Verschmutzungen, wie sie im Zeitungsartikel beschrieben werden, auch an eurer Schule gibt: Was wird dagegen getan?

In Ordnung

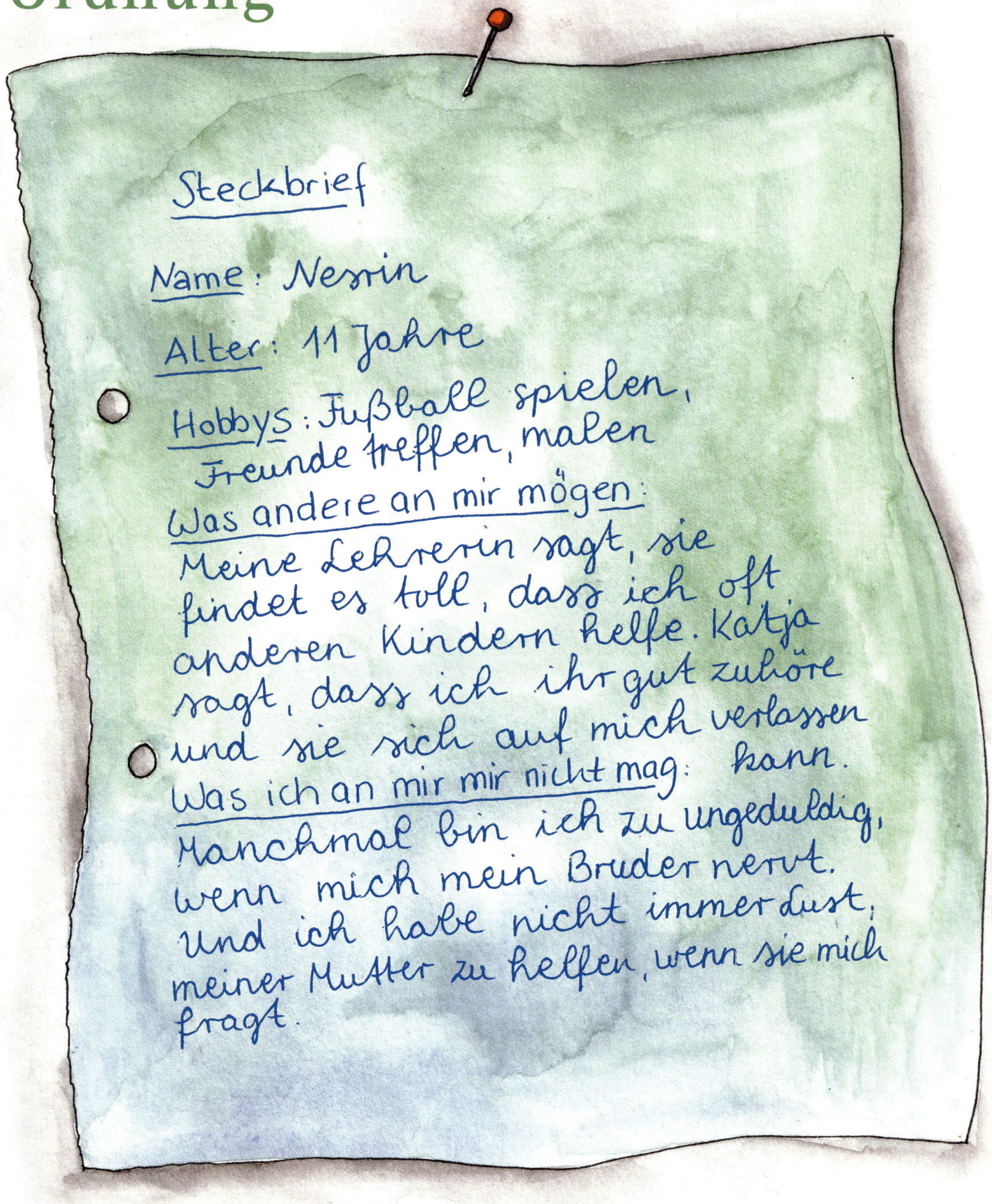

Steckbrief

Name: Nesrin

Alter: 11 Jahre

Hobbys: Fußball spielen, Freunde treffen, malen

Was andere an mir mögen:
Meine Lehrerin sagt, sie findet es toll, dass ich oft anderen Kindern helfe. Katja sagt, dass ich ihr gut zuhöre und sie sich auf mich verlassen kann.

Was ich an mir mir nicht mag:
Manchmal bin ich zu ungeduldig, wenn mich mein Bruder nervt. Und ich habe nicht immer Lust, meiner Mutter zu helfen, wenn sie mich fragt.

- Hier hat sich Nesrin vorgestellt. Vielleicht könnt ihr erkennen: Was ist schön an ihrem Verhalten?
- Nun bist du an der Reihe. Erstelle einen Steckbrief von dir selbst, und stelle dich deiner Klasse vor.

Gottﷻ gab dir Augen, damit du siehst,
wer kein Brot hat.
Gottﷻ gab dir eine Nase, damit du riechst,
wenn es irgendwo brennt.
Gottﷻ gab dir Ohren, damit du hörst,
wenn andere weinen.

Gottﷻ gab dir Hände, damit du teilst,
was du von IHM bekamst.
Gottﷻ gab dir Beine, damit du hingehst,
wo man um Hilfe bittet.
So helfe und sei ein Mensch!

- Das Gedicht beschreibt, was es heißt, ein Mensch zu sein. Die Logos stehen für verschiedene Organisationen, die sich für Mensch und Natur einsetzen. Manche von ihnen arbeiten aus religiösen Gründen. Sammelt arbeitsteilig Informationen und errichtet eine Wissenstheke.
- Erkundigt euch in eurer Umgebung. Welche Personen findet ihr, die sich um andere Menschen oder die Natur kümmern?

Das Gute, Wahre und Schöne ...

... liegt oft hinter dem verborgen, was du an der Oberfläche siehst. Der Islam lehrt, das Äußere und das Innere in Einklang zu bringen, das heißt ein vernünftiges Gleichgewicht zu erreichen – oder es zumindest zu versuchen, denn das fällt nicht immer leicht.
Nimm als Beispiel die Sache mit dem Arbeiten:

- eine Arbeit, die man begonnen hat, auch beenden,
- sich auf das konzentrieren, was man gerade tut,
- dem, was man tut, die bestmögliche Form geben.

Entscheidend hierbei sind deine innere Einstellung und deine Absichten, mit denen du etwas tust.
Die können sehr unterschiedlich sein:

Muhammad ermahnte die Menschen seiner Zeit, sich ihrer eigentlichen Absichten bewusst zu werden. Sie sollten sich selbst gute und vernünftige Ziele für das Handeln setzen. Dabei erinnerte er sie an Gott:
„Handle so, als könntest du Gott sehen, und wenn du IHN auch nicht siehst – ER sieht dich."
Der Islam leitet die Menschen dazu an, an Gott zu denken und sich auf die Begegnung mit IHM vorzubereiten. Die Freude, Gutes zu tun, und die Liebe zur Schönheit – hierin spiegelt sich wider, was für Muslime als Wahrheit gilt: der Glaube daran, dass Gott da ist, und die Hoffnung auf das Paradies im Jenseits.

Ich will beeindrucken.

Ich habe Spaß an der Sache!

Ich tue das für Gott.

Ich will erfolgreich sein.

Ich will wissen, ob ich das kann.

Es wird von mir erwartet.

Ich tue das für mich.

Ich tue das aus Gewohnheit.

- Du tust jeden Tag viele verschiedene Dinge – manche bewusst, andere unbewusst. Lies die Gedankenblasen oben noch einmal durch. Welche Absicht passt zu welcher deiner Handlungen?
  Formuliere für dich selbst innere Absichten, die nicht auf dieser Seite stehen.
- Muslim zu sein bedeutet, Frieden zu suchen mit Gott, den Mitmenschen, der Natur und auch mit sich selbst. Lege in deinem Heft eine Tabelle mit vier Spalten an. Trage oben die vier Bereiche „Gott", „Mensch", „Umwelt" und „Ich" ein. Dann ordne darunter die rechts erwähnten Charaktereigenschaften Muhammads ein.
  Ergänze um weitere Eigenschaften, die dir selbst einfallen.
  Auf den Seiten 36 und 37 findest du weitere Hinweise.
- Was der Einklang zwischen Innerem und Äußerem mit dem Gebet zu tun hat, kannst du auf Seite 51 erkunden.

Muhammad ﷺ ist ein gutes Vorbild: „Im Gesandten Gottes ﷺ habt ihr doch ein schönes Beispiel" (33:21). Im Qur'ān und in den Erzählungen über den Gesandten ﷺ erfahrt ihr, wie sich Muhammad ﷺ seiner Umwelt gegenüber verhalten hat. Hier kannst du einige seiner Eigenschaften nachlesen:

Sei wie ...

... ein fließender Bach, wenn es ums Helfen geht.

... die Sonne in deiner Liebe, deinem Mitleid und deiner Güte.

... die Nacht, wenn du die Schwächen anderer bedeckst.

... ein Toter in deinem Zorn und deiner Wut.

... die Erde in deiner Bescheidenheit.

... das Meer in deiner Toleranz.

Und: Zeige dich entweder so,

wie du bist, oder sei so,

wie du dich gibst.

Mawlana Dschallaladdin Rumi

- Sicherlich kennst du weitere gute Verhaltensweisen. Suche passende Vergleichsbilder dazu.
- Eine der schönsten Eigenschaften der Menschen ist Hilfsbereitschaft. Wie ist das, wenn jemand dir mit diesem guten Verhalten begegnet?
  Wem hast du zuletzt geholfen? Berichte deiner Klasse davon.

Wie schön ist die Natur

Schau nur

T/M: Bernd Ridwan Bauknecht

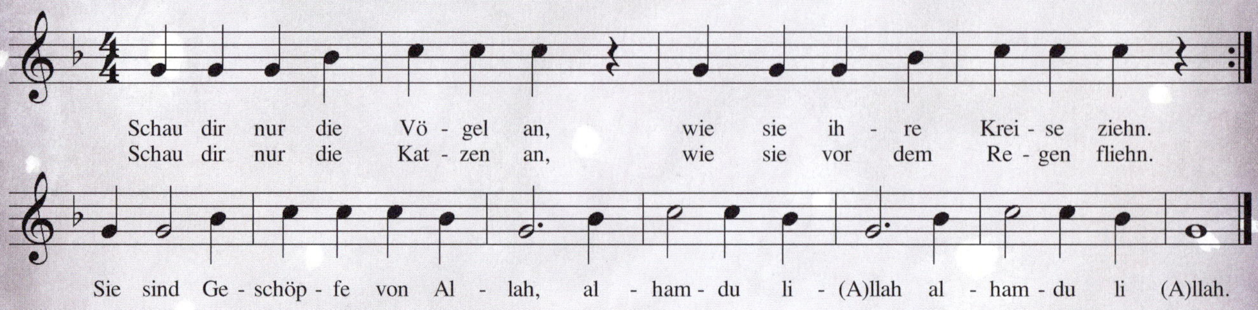

2. Schau dir nur die Pferde an,
wer am schnellsten traben kann.
Und ganz klein die Waldameise:
stark und klug auf ihre Weise.

Kehrvers: *Sie sind Geschöpfe von Allah.*

3. Schau dir nur den Regenbogen an:
Wie er farbig schimmern kann!
Und betrachte still die Sterne,
ungezählt, aus weiter Ferne.

Kehrvers: *Sie sind Werke von Allah.*

4. Alle Wesen haben einen Sinn.
Jeder ist für jeden ein Gewinn.
Allāh hat die Welt vollbracht.
Sie zu schützen, steht in unsrer Macht.

Zu Gottes Zeichen gehören die Erschaffung der Himmel und der Erde und die Verschiedenheit eurer Sprachen und Hautfarben. Darin liegen Zeichen für die Wissenden.

30:22

Zeichen dafür, dass es Gott gibt, sind Himmel und Erde, ER hat alles erschaffen. Außerdem die vielen verschiedenen Sprachen, Haut- und Haarfarben der Menschen. Wer an Gott zweifelt, braucht nur hinzugucken und nachzudenken!

وَمِنْ آيَاتِهِ
خَلْقُ ٱلسَّمَٰوَاتِ وَٱلْأَرْضِ
وَٱخْتِلَافُ أَلْسِنَتِكُمْ وَأَلْوَانِكُمْ
إِنَّ فِي ذَٰلِكَ لَآيَاتٍ لِّلْعَالِمِينَ ۝

Einheit in Vielfalt!

3 Geschöpf Gottes sein

„Sei!“

… und es ist

Morning has broken

Morning has broken like the first morning.
Blackbird has spoken like the first bird.
Praise for the singing, praise for the morning.
Praise for the springing fresh from the world.

Sweet the rain's new fall, sunlit from heaven.
Like the first dewfall, on the first grass.
Praise for the sweetness of the wet garden
Sprung in completeness where his feet pass.

Mine is the sunlight, mine is the morning
Born of the one light, eden saw play.
Praise with elation, praise every morning
God's recreation of the new day.

Cat Stevens Yusuf

- Ihr findet sicherlich Wege, den englischen Text dieses Liedes zu erarbeiten. Sammelt zu jeder der drei Strophen passende Bilder und stellt ein Plakat her. Ihr könnt das mit dem Englisch- und dem Musikunterricht verbinden.
- Schwieriger ist es vielleicht, zur Melodie eigene, neue Verse zu dichten, die in dieses Lied hineinpassen. Sie müssen ja nicht unbedingt auf Englisch sein …

„WIR gaben ihm Gehör und Gesicht“

WIR haben den Menschen aus einem Tropfen,
einem Gemisch erschaffen ...

... und WIR haben ihn mit Gehör
und Augenlicht versehen.

76:2

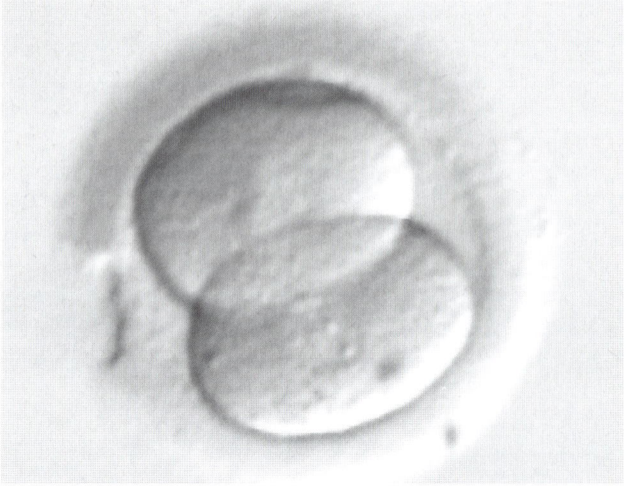

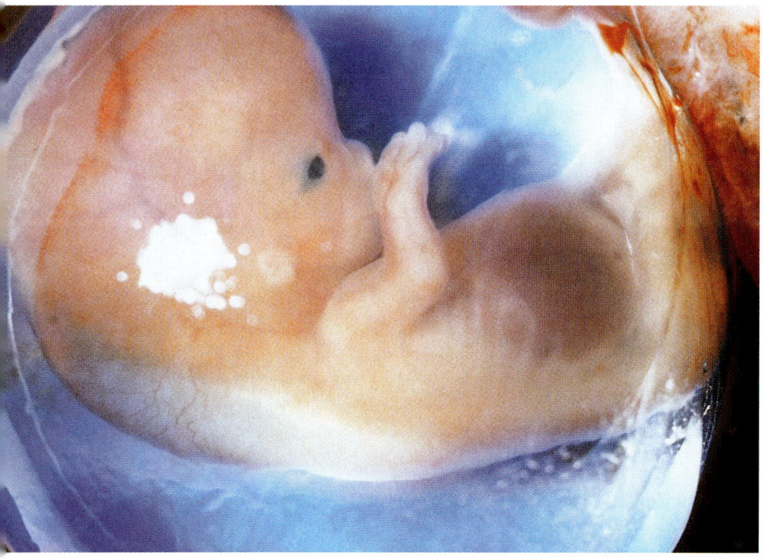

O ihr Menschen, fürchtet euren Gott,
der den Menschen
aus einem einzigen Wesen erschuf.
Aus diesem Wesen ließ ER
ein Partnerwesen
und aus ihnen beiden
viele Männer und Frauen entstehen.

4:1

- Auf dem Foto seht ihr einen Embryo im Bauch der werdenden Mutter. Er ist ungefähr zwei Monate alt. Erkundigt euch über die Entwicklung des menschlichen Körpers im Mutterleib, z. B. im Biologieunterricht.
- Frag deine Mutter, ob sie noch Ultraschall-Aufnahmen aus der Zeit ihrer Schwangerschaft hat, auf denen du als Embryo zu sehen bist!
- Manchmal sagt jemand etwas, die anderen hören nicht zu und dadurch entstehen Missverständnisse und Fehler. Tragt zusammen, wie sich durch „Gehör und Gesicht", das heißt durch Hören und Sehen das Zusammenleben gestaltet.
- Jedem Menschen stellt sich die Welt so dar, wie er sie hört und sieht. Erzählt euch, welche Erfahrungen ihr damit gemacht habt, dass Menschen ihre Umgebung unterschiedlich wahrnehmen und ihre Erlebnisse unterschiedlich deuten.
- Zusammenleben mit allen Sinnen: Dazu hat der Künstler das Bild rechts gestaltet. Vielleicht wollt ihr selbst klatschen, schnipsen, trommeln, einen Kreistanz tanzen?

Cemal Toy, 1998

Mensch sein heißt ...

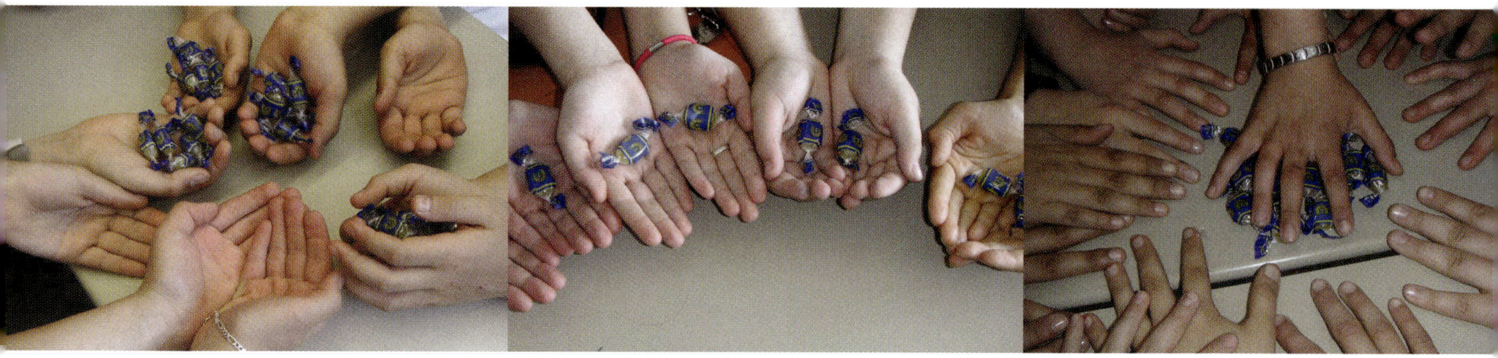

Gerechtigkeit üben

Verantwortung für die Schöpfung übernehmen

Barmherzigkeit zeigen

- Der Qur'ān teilt mit, dass die Menschen „Stellvertreter Gottes auf der Erde" sind. Das arabische Wort dafür lautet *khalīfa*; das könnt ihr zum Beispiel in 2:30 nachlesen. Das gilt für alle Menschen – also auch für dich. Schreibe auf, was für dich dabei am wichtigsten ist. Stecke diesen Zettel in einen Umschlag und versiegele ihn. Diesen Umschlag öffnest du erst wieder, kurz bevor ihr als Klasse oder Lerngruppe auseinandergeht. Lest euch dann gegenseitig vor, was ihr geschrieben habt.
- Trefft Vereinbarungen über Regeln, die ihr als Lerngruppe einhalten wollt, und schließt einen Klassenvertrag ab. Anregungen und Formulierungshilfen findet ihr auch im *Saphir* Seite 85.
- Denke darüber nach, wie du zu Hause Verantwortung übernehmen kannst. Erstellt zu Hause gemeinsam einen Wochenplan, in dem ihr Aufgaben verteilt. Vorsicht – sich daran zu halten, fällt schwerer, als man zunächst denkt!

... Verantwortung zu übernehmen

Auch im Islam gelten das Leben und die Würde der Menschen als Grundwerte. Das eigene Recht auf Selbstentfaltung endet da, wo Rechte anderer berührt werden – ganz besonders die Rechte Schwächerer. Die Verantwortung für sich selbst und die Verantwortung für andere können nicht voneinander getrennt werden.

DIE GRUNDRECHTE

Artikel 1

(1) Die Würde des Menschen ist unantastbar.

Artikel 2

(1) Jeder hat das Recht auf die freie Entfaltung seiner Persönlichkeit, soweit er nicht die Rechte anderer verletzt und nicht gegen die verfassungsmäßige Ordnung oder das Sittengesetz verstößt.

(2) Jeder hat das Recht auf Leben und körperliche Unversehrtheit.

Artikel 3

(1) Alle Menschen sind vor dem Gesetz gleich.

(2) Männer und Frauen sind gleichberechtigt.

Grundgesetz für die Bundesrepublik Deutschland (Auszüge)

Der Gesandte ﷺ hat gesagt:

Ein Araber ist nicht besser als einer, der kein Araber ist.
Und einer, der kein Araber ist, ist nicht besser als ein Araber.
Ein Schwarzer ist nicht besser als ein Weißer, und ein Weißer ist nicht besser als ein Schwarzer.
Der beste Mensch auf dieser Erde ist der mit der größten Hilfsbereitschaft.

Zum Islam gehört: Behandle andere nicht schlecht und lass dich nicht schlecht behandeln.

Die Rechte und Pflichten gelten für alle – selbst für meine Tochter (Fāṭima) und für mich.

Sammlungen der Aussprüche Muhammads ﷺ

- Alle Menschen haben Rechte und Pflichten, sie tragen gemeinsam Verantwortung – unabhängig von ihrer Religion. Auf dieser Seite findet ihr einige der wichtigsten Grundrechte, aber nicht alle. Erkundigt euch, welche weiteren Grundrechte es gibt. Das Stichwort Grundgesetz hilft euch dabei.
- Um den Sinn der Grundrechte besser zu verstehen, könnt ihr die Sprache des Gesetzes in eigene Worte bringen. Welche Beispiele fallen euch zu den Grundrechten ein?
- Wo deine Rechte und die Rechte anderer sich berühren, kann es zu Konflikten kommen. Du hast damit schon Erfahrungen gemacht. Notiere fünf Wörter, die dir dazu einfallen. Schreibe eine kurze Geschichte, in der diese Wörter vorkommen. Auf Seite 23 im *Saphir* findest du weitere Anregungen.

Ich bin ...

Moritz Max Musa Abdullah Jusuf Ankica Iwan Lejla Arpad

Canan Kunigunde Konstantin Figen Michaela Anita

Nadja wird bald eine „große Schwester" sein. Ihre Mutter ist schwanger. Nadjas Eltern haben ihr vorgeschlagen, einen Namen für das Baby auszusuchen. Sie nimmt ihre Aufgabe sehr ernst und bespricht sich mit Paul, einem Jungen aus ihrer Klasse:

Paul: „Namen haben oft eine bestimmte Bedeutung ... Da muss man vorsichtig sein, welchen Namen man aussucht. Was bedeutet eigentlich dein Name?"

Nadja: „Das ist ein arabischer Name. Er bedeutet *Morgentau*. Meine Mutter hat mir aber gesagt, dass es den Namen auch in Russland gibt."

Paul: „Was ist *Morgentau*?"

Nadja: „Wenn morgens alles noch ganz feucht ist von der Kälte der Nacht."

Paul: „Also, wenn ich jetzt zu einem Russen Nadja sage, dann versteht der auch *Morgentau*?"

Nadja: „Nein. Auf Russisch bedeutet mein Name *Hoffnung*."

Paul: „Dann würde ich gerne wissen, was mein Namen auf Russisch bedeutet ..."

Nadja: „Wieso? Was bedeutet denn Paul?"

Paul: „Ach, nichts Besonderes."

Nadja: „Komm schon, verrat es mir. Ich erzähle es auch nicht weiter."

Paul: „Also, mein Vater hat mir erzählt, dass Paul von einem griechischen Wort kommt, und das heißt einfach nur *klein*."

Nadja: „Süß! Dabei bist du einer der Größten in der Klasse! Trotzdem, ich finde, er passt zu dir. Oder?"

Yosri Homa Yasemin Melek Mustafa Sukaina Cemalettin

- Kennst du die Bedeutung deines Namens? Vielleicht wissen deine Eltern mehr darüber. Du kannst dich aber auch im Internet mithilfe einer Suchmaschine sehr leicht über deinen Namen informieren.
- Stell dir vor, du hättest mit deinen Eltern über deinen Namen entscheiden dürfen. Welchen Namen hättest du dir ausgesucht?
- Welche Eigenschaften stellst du dir bei einer Person vor, die einen der Namen trägt, die im Hintergrund gedruckt sind? Informiere dich über einige dieser Namen.

Zafer Yusuf Suleika Malik Salman Yeter Suhrab Kazvin

Ufuk Ireç Paul Güysal Yildirim Isine Tayyip Hatice

... auf dem Weg

hat alles sowieso keinen Zweck. Beim Lehrer bin ich unten durch. Ne Lehrstelle krieg ich mit dem Zwischenzeugnis nich. Wozu mich anstrengen? Mein Alter kann mich mal!
LOSER
Komm, Kopf hoch, du kannst es noch reißen! Wenn du dich hängen lässt, hat wirklich alles keinen Zweck. Nimms sportlich, versuch was. Wirst sehen, kann Spaß machen, die anderen zu verblüffen. Im Qur'ān hab ich gelesen: Gott hilft dem, der ihn ruft. Du könntest es ja mal versuchen ...
JEDI

Gewissheit finden

Ibrāhīm sucht Gott

Als kleiner Junge war Ibrāhīm es gewohnt, allein in der Natur zu sein. Er verstand sich nicht besonders gut mit seinem Vater. Er beobachtete die Natur genau. Dort kam ihm alles so wohlgeordnet vor. Er war auf der Suche – nur, er wusste noch nicht genau, wonach oder nach wem. Nur eins war ihm klar: Er suchte jemanden, den er lieben konnte – den, der all das um ihn herum erschaffen hatte.

So war das auch in jener Nacht, in der ihm ein besonders heller Stern auffiel ... Aber als der Mond aufging, verblasste der Stern. Nein – derjenige, den Ibrāhīm suchte, würde nicht verblassen.

Der Mond war ja viel heller ... Als aber der Mond unterging, war Ibrāhīm enttäuscht: Wie sollte er jemandem vertrauen, der untergeht?

Ibrāhīm saß da und dachte nach, bis kurze Zeit später der Morgen dämmerte. Die Sonne ging auf. Aber auch die Sonne ging am Abend unter.

Langsam wurde Ibrāhīm bewusst, dass derjenige, nach dem er suchte, hinter all dem verborgen sein musste, was man sehen kann.

Viele Jahre später war Ibrāhīm schon sehr vertraut mit Gottﷻ. Er sprach in Gottesﷻ Namen und leitete viele Menschen an, zu glauben und gute Dinge zu tun. Er war Gottesﷻ Gesandter geworden. Ihm war besonders wichtig, dass die Menschen durch ihren Glauben Zutrauen zu sich selbst und Vertrauen zu Gottﷻ fanden. Er erinnerte die Menschen an das Leben nach dem Tod und ermahnte sie, ihrer Verantwortung vor Gottﷻ gerecht zu werden. Eines Tages dachte er daran, wie er als Kind nach Gottﷻ gesucht und den Nachthimmel beobachtet hatte. Er erinnerte sich an das schöne Gefühl, als er Gottﷻ verstanden hatte, ohne ihn zu sehen. Er fragte sich, wie Gottﷻ es schaffen könne, Tote wieder zum Leben zu erwecken. Er bat Gottﷻ nun um ein sichtbares Zeichen:

Ibrāhīm: „Mein Herr, zeige mir, wie DU die Toten wieder zum Leben erweckst!"
Gottﷻ: „Hast du deinen Glauben verloren?"
Ibrāhīm: „Nein, aber ich möchte, dass DU mein Herz beruhigst."
Gottﷻ: „Nimm dir vier Vögel, zerlege sie und lege auf jeden Berg ein Stück von ihnen. Dann rufe sie, und sie kommen zu dir zurückgeflogen!"

- Die Geschichte zu den Bildern von Ibrāhīm findet ihr im Qur'ān 6:74-83.
- Die Geschichte oben findet ihr im Qur'ān 2:260.
- Auf Seite 67 im *Saphir* erfahrt ihr mehr darüber, was ein Gesandter Gottesﷻ für Aufgaben hatte.
- Was tot schien, wird lebendig. Findet Beispiele für diese Erfahrung. Das Foto oben gibt euch einen Hinweis.
- Es gibt Situationen, da ist man sich einer Sache gar nicht mehr so sicher. Vielleicht hast du das schon einmal erlebt und kannst darüber berichten.
- Welche Menschen, welche Orte, welche Dinge geben dir Sicherheit? Tausche dich mit deiner Partnerin oder deinem Partner darüber aus.

Schöpferkraft

Im Namen Gottesﷻ, des Barmherzigen, des Gnädigen!
Oh, Gottﷻ! DU bist der Schöpfer!
DICH fühlen wir im Herzen und spüren DICH
in den Blicken und Mündern vieler Menschen.
Dank DIR können wir Leid, Sorgen und Verlust
viel einfacher ertragen.
Denn DU schenkst uns jeden Tag
neues Leben und neue Kraft.

DU bist der Barmherzigste aller Barmherzigen!

Oh, Gottﷻ! DU verleihst Sicherheit!
Gib jedem Menschen Menschlichkeit!
Damit wir mit Herz und Verstand erkennen,
wie nah DU uns bist!

DU bist der Gütigste aller Gütigen!

Denn DU bist der Einzige. DU bist Gottﷻ!

- Welche Themen dieses Kapitels waren dir besonders wichtig? Schreibe dazu ein eigenes Bittgebet auf.
- Erkundigt euch auch nach überlieferten Gebeten. Ihr könnt eure Eltern, Bekannten, Menschen in der Moschee ... fragen.

Betet sowohl vor Sonnenaufgang als auch nachts. Denn die guten Handlungen lassen die schlechten vergehen. Dies ist eine Erinnerung für diejenigen, die an Gott ﷻ denken.

11:114

Betet morgens und abends und in der Nacht. Die guten Taten lassen die schlechten Taten vergehen. Erinnert euch daran und denkt an Gott ﷻ.

وَأَقِمِ ٱلصَّلَوٰةَ طَرَفَيِ
ٱلنَّهَارِ وَزُلَفًا مِّنَ ٱلَّيْلِ ۚ إِنَّ
ٱلْحَسَنَٰتِ يُذْهِبْنَ ٱلسَّيِّـَٔاتِ ۚ ذَٰلِكَ
ذِكْرَىٰ لِلذَّٰكِرِينَ ۝

Mach mal Pause!

Beten …

- fördert das Gemeinschaftsgefühl
- gibt Lebensfreude
- vermittelt Geborgenheit
- stärkt das Pflichtbewusstsein
- trainiert den Sinn für Sauberkeit
- schenkt positive Energie
- verleiht ein Gefühl für den Sonnenstand
- verschafft Sicherheit beim Problemlösen
- unterstützt das Diszipliniert-Sein
- sorgt für Hilfe in Notfällen
- ermöglicht regelmäßig Ruhepausen
- heißt auch, Wünsche zu formulieren
- gliedert den Tag
- bedeutet regelmäßige Gymnastik
- erlaubt Abstand vom Alltag
- erzeugt gute Laune
- entwickelt Dankbarkeit
- fördert die Friedensliebe
- gibt Hoffnung
- beruhigt und gibt Kraft

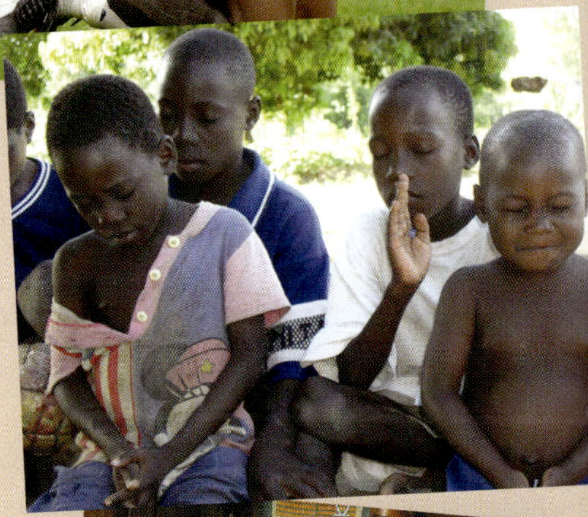

Danken – bitten – preisen –

In bestimmten Situationen wenden sich viele Menschen Gott im Gebet zu; vielleicht auch du.

- Dein Wunsch ist in Erfüllung gegangen.
- Du bist mit einem blauen Auge davongekommen.
- Du hast eine Prüfung vor dir.
- Du hast über eine Sache gestaunt.
- Du weißt nicht weiter.
- Du wünschst, es könnte immer so bleiben.
- Du spürst Enge in der Brust, hast einen Kloß im Hals.
- Du hast es geschafft, ein Problem zu lösen.
- Du fühlst dich alleingelassen.
- Du hoffst, dass es bald vorbei ist.
- Du könntest hüpfen vor Freude!
- Du fühlst dich leicht.

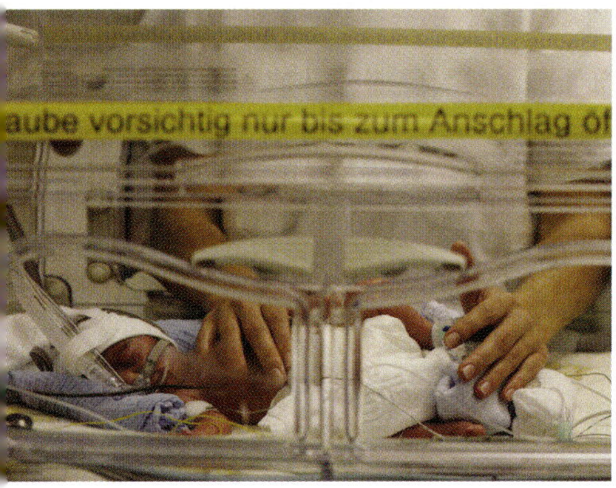

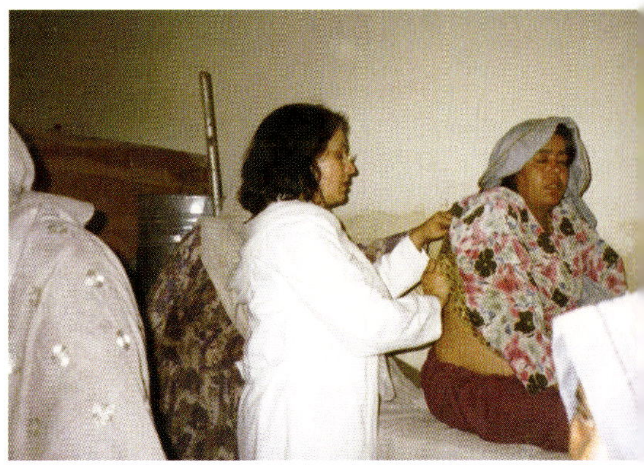

bismillāhi-r-rahmāni-r-rahīm

Mit dem Namen Gottesﷻ, des sich Erbarmenden, des Barmherzigen

Dieser kurze Satz ist der erste Vers der ersten Sure im Qur'ān. Weitere Information dazu findest du auf Seite 53.

- Hast du eine der oben aufgelisteten Situationen schon einmal erlebt? Schreibe in kurzen Sätzen auf, was passiert ist und wie du dich gefühlt hast.
- „Sich zu Gott hinwenden" – Wie geht das? Überlegt in der Gruppe. Die Oberbegriffe „danken", „bitten" und „preisen" helfen euch, eure Ideen zu sortieren.
  Noch ein Tipp: Das arabische Wort für „sich zu Gott hinwenden" heißt *tāba* – wörtlich „sich hindrehen zu" ...
- Die Fotos auf dieser Seite passen zu einigen der oben genannten Situationen. Sucht nach weiteren Bildern in Zeitungen oder Zeitschriften, vielleicht auch nach Artikeln oder Überschriften, die zu den Situationen passen, und stellt eine Plakatwand her. Die Texte mit euren eigenen Erlebnissen könnt ihr dazukleben.

zuhören

Wer sich allein fühlt, sich Sorgen macht oder vor einer wichtigen Entscheidung steht, braucht oft jemanden, der zuhört. Manchmal sind Freunde oder Familienmitglieder zur Stelle, in besonderen Fällen vielleicht auch eine Fachfrau oder ein Fachmann. Und doch wünscht man sich einen zur Seite, von dem man weiß, dass ER alles weiß und alles kann – einen, der Tag und Nacht da ist und zuhört.

Salma Arastu

Der islamische Gebetsruf (*adhān*; أذان) auf Deutsch und in Umschrift:

Gottﷻ ist größer, Gottﷻ ist größer.	*allāhu akbar, allāhu akbar*
Gottﷻ ist größer, Gottﷻ ist größer.	*allāhu akbar, allāhu akbar*
Ich bezeuge, dass es keinen Gottﷻ gibt außer Gottﷻ.	*aschhadu al-lā ilāha illa-llāh*
Ich bezeuge, dass es keinen Gottﷻ gibt außer Gottﷻ.	*aschhadu al-lā ilāha illa-llāh*
Ich bezeuge, dass Muhammadﷺ der Gesandte Gottesﷻ ist.	*aschhadu anna muhammadan rasūlullāh*
Ich bezeuge, dass Muhammadﷺ der Gesandte Gottesﷻ ist.	*aschhadu anna muhammadan rasūlullāh*
Erhebe dich zum Gebet.	*hayya alas-salā*
Erhebe dich zum Gebet.	*hayya alas-salā*
Erhebe dich zum Wohlergehen.	*hayya alal-falāh*
Erhebe dich zum Wohlergehen.	*hayya alal-falāh*
Gottﷻ ist größer, Gottﷻ ist größer.	*allāhu akbar, allāhu akbar*
Es gibt keinen Gottﷻ außer Gottﷻ.	*lā ilāha illa-llāh*

Beten zieht Kreise

Warum beten Musliminnen und Muslime in arabischer Sprache?

Seit der Zeit des Gesandten Muhammad bis heute werden in den täglichen Gebeten die Qur'ān- und Gebetstexte auswendig und auf Arabisch aufgesagt – gleichgültig, aus welchem Land die Musliminnen und Muslime kommen oder in welchem Land sie leben. In Ausnahmefällen erlaubte Muhammad denen, die nicht Arabisch konnten, zunächst in ihrer eigenen Muttersprache zu beten. Solche Ausnahmen kommen auch heute noch vor. Er forderte sie aber auf, möglichst rasch die arabischen Texte zu lesen, zu verstehen und zu lernen. Das war nicht schwer, und sie taten das gerne – die meisten dieser Texte sind kurz.

ĀDAM

Die arabischen Buchstaben ergeben das Wort „Ādam" und symbolisieren zugleich die Körperhaltung im Ritualgebet. „Ādam" ist auch eine Bezeichnung für „Mensch".

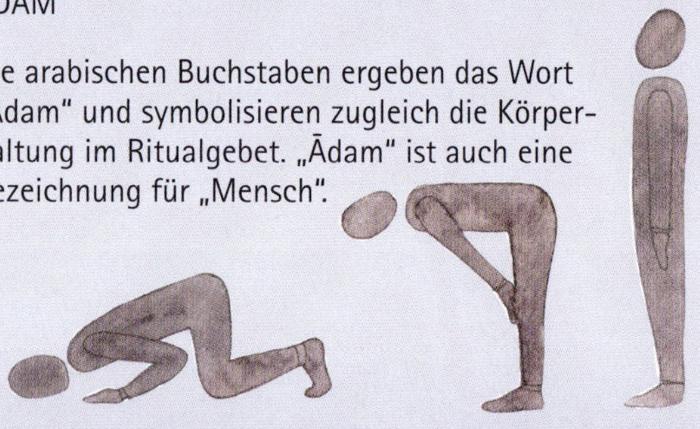

Es ist gut, in Gemeinschaft zu beten, wann immer das möglich ist. Das kann zu Hause im Kreise der Familie geschehen oder in der Moschee; dort ist die Gemeinschaft natürlich größer. Am größten ist sie aber, wenn man zum Beispiel während der Wallfahrt (hadsch) in Mekka ist und dort betet. Dort kann man am deutlichsten erleben, dass Musliminnen und Muslime aus allen möglichen Ländern kommen. Es wäre nicht schlimm, wenn dann jeder in seiner eigenen Muttersprache beten würde. Das tun die Leute auch, wenn sie im Stillen mit Gott sprechen. Für das Pflichtgebet aber wird die arabische Sprache bevorzugt – ausnahmslos für alle, egal ob Mann oder Frau, Alt oder Jung, Schwarz oder Weiß, ob Araber, Türken, Bosnier, Deutsche oder andere. Arabisch ist die Sprache des Qur'āns. Sie im Gebet zu hören oder zu sprechen und zu wissen, dass alle Musliminnen und Muslime es genauso machen, stärkt das Gefühl, zur weltweiten Gemeinschaft der Muslim/innen (umma) dazuzugehören wie zu einer großen Familie.

- Beten Bäume und Sterne, Berge und Tiere? Schlagt nach im Qur'ān 22:18 und 55:6.
- Von Frankfurt aus liegt die Qibla, die Gebetsrichtung nach Mekka, in genau 128,07 Grad südöstlicher Richtung. Für München beträgt die genaue Richtung 129,79 Grad. Das kann man für ganz Deutschland aufrunden auf ungefähr 130 Grad südöstlicher Richtung.
  Eine Kompassrose ist in 360 Grad unterteilt. Findet die Qibla für euer Klassenzimmer; benutzt dafür einen guten Kompass, für den die Missweisung eingestellt wurde. Dabei kann euch das Fach Erdkunde weiterhelfen.
- Kennt ihr die Telefonnummer Gottes?

Lösung: Die Telefonnummer Gottes lautet: 24434 – 2 Gebetseinheiten (*rukū'*) beim Morgengebet, 4 beim Mittagsgebet, 4 beim Nachmittagsgebet, 3 beim Abendgebet und wieder 4 beim Nachtgebet.

Beten schafft Sinn

Wenn Sedina und Yunus mehr über den Islam wissen wollen, dann fragen sie ihre Tante Lamya. Die kennt sich gut aus:

Sedina: Warum beten wir fünfmal und nicht einfach nur einmal – man könnte doch einfach alle Gebete auf einmal beten und hätte dann seine Ruhe!

Lamya: Es geht ja gerade darum, den Tagesablauf zu unterbrechen. Du trittst regelmäßig vor Gott, und die Ruhe und Kraft aus dem Gebet nimmst du mit in deinen Alltag hinein. Das kann manchmal ganz praktisch sein und dir dabei helfen, mit bestimmten Dingen besser fertig zu werden. Mir hat das zum Beispiel geholfen, mit dem Rauchen aufzuhören.

Sedina: Und warum können wir uns nicht einfach aussuchen, wann wir beten?

Lamya: Das könnt ihr – aber nur für euer privates und stilles Bittgebet, das wir *du^{c}ā'* nennen. Mit den fünf Pflichtgebeten, die wir *salā* nennen, beten wir Gott an. Das hat Muhammad mit einem Bad im Fluss verglichen: Stell dir vor, dein Haus steht an einem Fluss, in den du täglich fünfmal hineinsteigst, um dich zu reinigen.

Yunus: Und wenn ich mal gerade nicht beten kann? Also, im Winter, wenn ich Nachmittagsunterricht habe, dann ist es schon dunkel, wenn ich heimkomme.

Sedina: Wir können doch in der Schule beten.

Eine moderne Gebetsuhr

Yunus: Ja, schon, wenn mich keiner auslacht ... Aber ein Pilot, wie soll denn der beten? Ich will nämlich mal Pilot werden. Da muss ich sitzen bleiben und aufpassen!

Sedina: Und ich Ärztin. Ich kann ja nicht während einer Operation weg, um zu beten!

Lamya: Das weiß Gott ja auch. Und so gibt es auf der einen Seite die Verpflichtung und auf der anderen Seite die aktuelle Situation und ob es möglich ist, diese Pflichten auch zu erfüllen.

Sedina: Was würde das dann genau für mich als Ärztin bedeuten?

Lamya: Dass du ein versäumtes Gebet nachholst, so wie das mit anderen religiösen Pflichten ja auch ist. Es gibt ein islamisches Prinzip, wonach die Religion für die Menschen da ist und nicht umgekehrt: Gott will es uns leichtmachen, nicht schwer (2:185). Das gibt die Richtung an. Aber wie ihr selbst entscheidet, wenn ein Problem auftaucht, das hat Gott euch selbst überlassen, niemand braucht ein schlechtes Gewissen zu haben. Lest doch mal in Sure 5, Vers 6 nach, was der Qur'ān dazu sagt. Da fällt mir ein, warum stehen in der Moschee wohl hinten meist ein paar Stühle? Fragt doch selbst einmal nach und informiert euch.

- Wie können sich Gläubige auf Reisen oder in gefährlichen Situationen verhalten? Nehmt Tante Lamyas Hinweise zu Hilfe und schaut auch in 4:101 nach.
- Besprecht: Was haben Regelmäßigkeit und Gebet mit äußerer und innerer Reinheit zu tun?

Sedina und Yunus haben aus der Moschee ein Infoblatt mitgebracht:

EINIGE GEDANKEN ZUM GEBET (*salā*)

1. Wozu sich zum Gebet waschen?

Die rituelle Waschung (*wudū'*) dient der inneren und äußeren Reinheit. Hände und Gesicht, Unterarme und Füße werden mit Wasser gewaschen, Mund und Nase werden ausgespült, auch Kopf und Ohren gehören dazu. Das kannst du im Qur'ān nachlesen, zum Beispiel in 5:6. Es geht dabei auch darum, sich innerlich frei zu machen von allen Gedanken, die vom Gebet ablenken. Die Waschung dient aber nicht nur dem Gebet: Muhammad riet, sich genauso zu waschen und sich dann hinzusetzen oder sogar kurz hinzulegen, wenn man sich über irgendetwas sehr ärgert.

2. Warum Gebetszeiten einhalten?

Jeder Mensch folgt inneren und äußeren Rhythmen. Die „innere Uhr" lehrt, wann es wieder Zeit ist, vor Gott zu treten. Die regelmäßige Gebetszeit hilft, sich auch in anderen wichtigen Dingen an Regelmäßigkeit und Ordnung zu halten, z. B. beim Lernen. Der Gesandte Muhammad wurde gefragt, welche gute Tat bei Gott das höchste Ansehen genieße. Er antwortete: „Die regelmäßige."

3. Wozu ein sauberer Gebetsplatz?

Sauberkeit und Reinheit sind nicht auf den Betenden oder den Gebetsplatz beschränkt, sondern haben weiter reichende Bedeutung. Ihr könnt selbst darüber nachdenken, warum Muhammad mehrmals darauf hingewiesen hat, dass Sauberkeit und Reinheit „die Hälfte des Glaubens" sind.

4. Warum sich beim Gebet bewegen?

Die drei Gebetshaltungen beim Stehen (*qiyām*), beim Beugen (*rukū'*) und beim Berühren des Bodens mit der Stirn (*sudschūd*) verhindern, dass du bei längeren Gebeten müde wirst oder dass du die Konzentration verlierst; das leichte Dehnen und Entspannen hält den Kreislauf in Schwung. Aber es geht dabei noch um eine wichtigere Sache, nämlich um den Einklang zwischen Innerem und Äußerem, um das Zusammenspiel zwischen Glauben, Denken, Fühlen und Körper. Im Gebet kommt zum Ausdruck, dass du – so wie du bist – ein ganzer Mensch bist, mit allem, was dazugehört.

5. Welche Zeitabschnitte für welches Gebet?

Bezeichnung	Anzahl	Zeitraum

Beten mit Kopf, Herz und Hand

Lieber Gott,
ich habe einen Fehler gemacht, weil ich nur an meinen Vorteil gedacht habe. Jetzt bereue ich mein Verhalten.
Wie kann ich das wieder gutmachen?

Lieber Gott,
meine Familie soll gesund bleiben und ich auch.
Lass uns gemeinsam friedlich leben.
Ich möchte mich nie wieder mit meinem Bruder streiten.

Lieber Gott,
ich möchte meiner Freundin verzeihen. Sie hat mich sehr geärgert und ich wollte sie nicht mehr sehen.
Aber jetzt vermisse ich sie.
Wie kann ich mich mit ihr wieder vertragen?

Die Muslime haben am Freitag ihren Versammlungstag in der Moschee. In manchen islamischen Ländern ist der Freitag der Ruhetag der Woche.
Für die Juden gilt der Samstag als Tag des Gottgedenkens, an dem nicht gearbeitet werden darf (Sabbat). Die jüdischen Gemeindemitglieder treffen sich zu gemeinsamen Gebeten in der Synagoge. In den Familien kommt man zum festlichen Sabbat-Essen zusammen.
Für die Christen ist der Sonntag der wöchentliche Ruhetag. Sonntags gibt es immer einen längeren Gottesdienst in der Kirche.

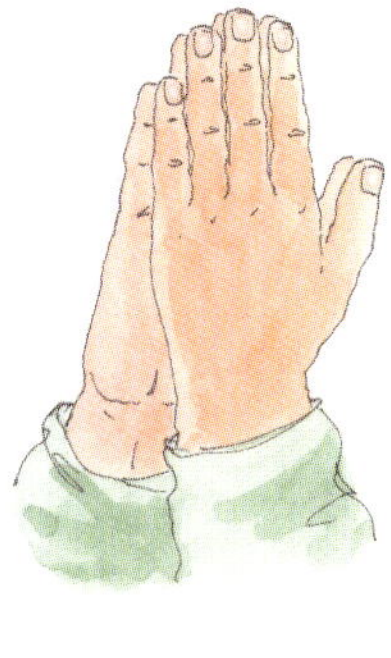

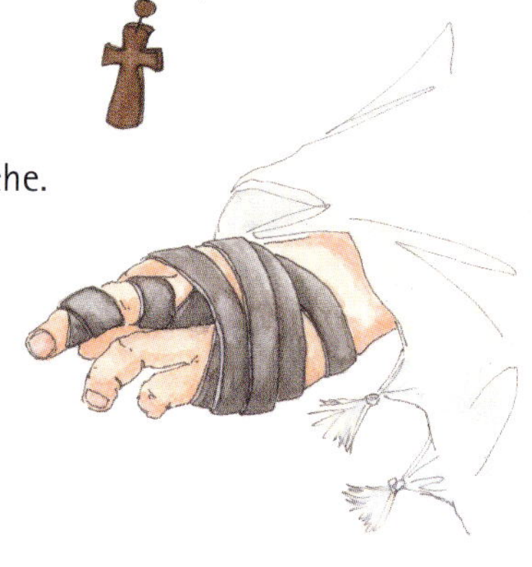

Die erste Sure wird von Musliminnen und Muslimen bei jedem der fünf täglichen Gebete (*salā*) in jeder der einzelnen Gebetseinheiten beim Stehen einmal aufgesagt. Das unterstreicht ihre Bedeutung. Nicht umsonst ist sie die Sure, die den Qur'ān eröffnet. Sie ist so etwas wie ein Schlüssel zum Verständnis des Qur'āns.

Den ersten Vers, den ihr auch auf Seite 46 findet, nennt man auch „die Basmala". Die Basmala ist zugleich so etwas wie ein Motto oder eine Überschrift für jede der 114 Suren des Qur'āns – ausgenommen der neunten; dort fehlt sie (lest aber mal nach in 27:30).

Musliminnen und Muslime sprechen diesen Satz, bevor sie mit etwas beginnen, zum Beispiel mit dem Gebet, mit den Hausaufgaben, vor dem Kopfsprung ins Schwimmbecken ...

Muhammad riet den Muslimen, diesen Satz sowohl bei besonderen wie auch bei alltäglichen Dingen zu sagen. Eine Sache „mit Gottes Namen" zu beginnen, kann die Gefahr mindern, gedankenlos zu handeln. Musliminnen und Muslime bitten damit um Segen und Erfolg.

- Warum ist die erste Sure so wichtig?
- Finde wichtige Gebete anderer Religionen. Erkundige dich dabei besonders nach Inhalt und Bedeutung des „Vaterunser" für das christliche Gebet.
- Wie oft innerhalb von 24 Stunden wiederholen Musliminnen und Muslime die *Fātiha* mindestens, wenn sie ihre Pflichtgebete einhalten? Eine Lösungshilfe findet ihr auf Seite 51.

Die Eröffnende

Mit dem Namen Gottes,
des sich Erbarmenden, des Barmherzigen.
Das Lob sei Gott, dem Herrn der Welten,
dem sich Erbarmenden, dem Barmherzigen,
dem Herrscher am Tag des Gerichts.
DIR dienen wir und DICH bitten wir um Hilfe.
Führe uns den geraden Weg,
den Weg derer, denen DU Gnade erwiesen hast,
die nicht dem Zorn anheimgefallen sind
und die nicht in die Irre gehen.

Die erste Sure des Qur'āns

Die Frage ist Antwort

„Ya Allah", rief einer viele Nächte lang,
und süß ward ihm sein Mund von diesem Klang.
„Viel rufst du wohl", sprach Schaitān voller Spott.
„Wo bleibt die Antwort ‚Hier bin ich!' von Gott?
Nein, keine Antwort kommt vom Thron herab!
Wie lange schreist du noch: ‚Ya Allah!'? Lass ab!"
Als er betrübt, gesenkten Hauptes, schwieg,
sah er im Traum, wie Gottes Engel niederstieg
und sprach: „Warum denn nennst du IHN nicht mehr?
Was du ersehnst – bereust du es so sehr?"
Er sprach: „Nie kommt die Antwort: ‚Ich bin hier!'
So fürchte ich, ER weist die Türe mir!"
„Dein Ruf ‚Ya Allah!' ist MEIN Ruf ‚Ich bin hier!'
Dein Schmerz und Flehn ist Botschaft doch von MIR
und all dein Streben, um MICH zu erreichen –
dass ich zu MIR dich ziehe, ist das Zeichen!
Dein Liebesschmerz ist MEINE Huld für dich –
im Ruf ‚Ya Allah!' sind hundert ‚Hier bin ICH!'"

Dschellaleddin Rumi

- Welche Bestandteile gehören zu einem vertrauten Gespräch?
- Tragt Situationen zusammen, in denen eine Beterin, ein Beter ein vertrautes Gespräch mit Gott führen kann.
- Was meint ihr: Wie könnten Antworten Gottes auf die Gebete der Menschen aussehen?

Vor sich und hinter sich
hat er (der Mensch)
Begleiter, die ihn
nach Gottes
Weisung be-
schützen.

13:11

Jeder Mensch ist von
Engeln umgeben, die
ihn begleiten. Sie
beschützen ihn.
Dazu hat Gott
sie beauftragt.

لَهُ مُعَقِّبَاتٌ مِّنْ بَيْنِ يَدَيْهِ
وَمِنْ خَلْفِهِ يَحْفَظُونَهُ مِنْ أَمْرِ اللَّهِ

Du bist ’n
Engel!

5 Engel sind überall

Engel = Engel?

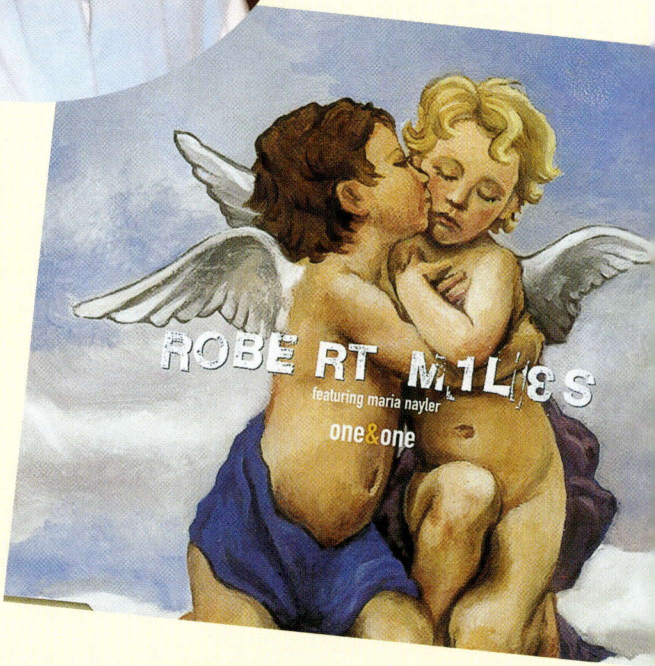

Schutzengel?

„Du kommst zu spät zum Unterricht, Jasmin", sagt die Religionslehrerin. Jasmin steht verschwitzt und mit rotem Kopf in der Tür. „Jetzt komm erst mal rein und setzt dich hin. Was war denn los?"

Jasmin berichtet:

„Bitte entschuldigen Sie, dass ich mich verspätet habe. Aber mir ist gerade etwas Seltsames passiert. Ich muss doch jeden Morgen die Straße an der Ampel überqueren. Heute habe ich verschlafen und bin gerannt. Aber als ich an der Ampel ankam, war sie aus. Sie funktionierte einfach nicht! Ich stand ganz alleine da. Ich habe nach links geschaut und nach rechts und wieder nach links. Als ich dachte, die Straße wäre frei, lief ich los. Da spürte ich eine kräftige Hand auf der Schulter, die mich festhielt. Genau in der Sekunde bog ein Motorrad aus der Seitenstraße ein und raste knapp vor meiner Nase vorbei. Wenn ich losgegangen wäre, hätte es mich erwischt. Als ich mich umdrehte, sah ich einen jungen Mann, der davonging. Ich rief ihm noch Danke! hinterher, aber er hat sich nicht mal umgedreht. Ich glaube, er hatte es eilig."

„Das war bestimmt dein Schutzengel!", platzt Samir heraus.

„Nein, Schutzengel gibt es doch gar nicht, oder?", meint Marwah.

„Aber meine Mama sagt immer, dass Gott ﷻ uns Engel zur Seite stellt, die uns beschützen. Es sollen so viele Engel auf der Welt sein, dass es keine Handbreit ohne Engel gibt", entgegnet Samir.

Marwah erwidert: „Aber Engel kann man doch nicht sehen. Jasmin hat doch den Mann gesehen, der ihr geholfen hat."

Ysra meint: „Ich glaube, dass der Engel Gabriel dem Muhammad ﷺ als Mensch erschienen ist, oder ...?"

„Ich habe im Moschee-Unterricht gelernt, dass Gott ﷻ allein entscheidet, welchen Engel ER mit welchem Auftrag betraut."

- Sammelt weitere Darstellungen von Engeln – aus dem Schaufenster, aus der Werbung, aus dem Internet ... Worin unterscheiden sich diese Abbildungen?
- Sucht nach Merkmalen von Engeln.
- Vielleicht hast du schon einmal eine ähnliche Begegnung wie Jasmin gehabt ...
  Ein Engel in Menschengestalt? Fragt eure Familienangehörigen und andere Musliminnen und Muslime, was sie über diese Geschichte denken.
- Die Menschen haben sehr unterschiedliche Vorstellungen davon, was Engel sind und was sie tun. Es gibt auch Unterschiede zwischen dem, was Juden, Christen und Muslime über Engel zu sagen haben. Führt dazu Recherchen und Befragungen durch.
- Tauscht euch über den Slogan „Du bist 'n Engel" im *Saphir* auf Seite 55 aus. Wie denkt ihr darüber?

Who is who?

Engel

- sind von Gottﷻ gesandt.
- handeln, wie Gottﷻ befiehlt.
- besitzen Flügel.
- können menschliche Gestalt annehmen.
- überbringen ...

- Die oben genannten Eigenschaften der Engel sind im Qur'ān beschrieben.
  Schlagt dazu die Stellen nach: 3:18, 11:69-70, 19:17, 26:193, 35:1, und ordnet sie zu.
- Seht euch dieses Foto von einer Preisverleihung an. Erklärt, ob die Eigenschaften eines Engels, die ihr im Qur'ān gefunden habt, zur Darstellung passen oder nicht.

Die Engel sind ein wichtiger Bestandteil der islamischen Religion.
Qur'ān und Prophetenwort geben wenige, aber genaue Hinweise. Einige Engel werden namentlich genannt, weil sie besondere Aufgaben haben.

Michael

Gabriel

Asrael

Rafael

Malik

Schreiber-Engel

Grabes-Engel

- Welche Engel kanntet ihr bereits? Sammelt Informationen über diese Engel.
- Ihr könnt sie in einer Liste ordnen: Name – Eigenschaften – Aufgaben.

Engel schreiben

UNSERE Boten bei ihnen schreiben es auf ...

43:18

Jeder Mensch wird von zwei Engeln begleitet, die eine besondere Aufgabe haben: Sie merken sich, was der Mensch tut, und schreiben es auf. Man nennt sie deshalb auch die „Schreiber-Engel". Dabei unterscheiden sie zwischen Tat und Absicht. Der Engel zur Rechten eines Menschen schreibt das Gute auf, derjenige zur Linken das Schlechte.

- Lege dir ein „Taten-Buch" an und notiere eine Woche lang, wem und wann du etwas Gutes getan hast.
- Am Ende der Woche erstelle eine Punkteskala und werte deine Taten aus. Was willst du in Zukunft noch verstärken, besser machen, üben?
- Überlege dir für die nächste Woche ein persönliches Motto, abhängig von deinen „persönlichen Schwächen", oder woran du arbeiten möchtest. Denk daran, dass du eine positive Formulierung aufschreibst, z. B. statt: „Ich will nicht zu spät kommen" besser: „Ich werde pünktlich sein." Du kannst den Motto-Zettel schön gestalten und bei dir tragen.

Engel fragen

Den ganzen Tag war viel Besuch da. Meine Tante Hafsa war eine beliebte und angesehene Frau. Und nun ist sie tot.
Sakina liegt am Abend im Bett und denkt nach.
„Du, Mama, wo ist Tante Hafsa jetzt?“, fragt Sakina.
„Sie ist bestimmt bei Gott im Paradies.“
„Wieso weißt du das so genau?“, wundert sich Sakina.
„Nun, im Qur’ān steht, dass die beiden Grabes-Engel jeden Toten nach seinem Glaubenszeugnis und seiner Religion befragen. Deine Tante weiß ganz bestimmt die Antworten auf diese Fragen.“
Sakina überlegt. In ihrem Kopf arbeitet es.
„Dann könnte doch jeder die richtigen Antworten auswendig lernen und sich so einen Platz im Paradies sichern!“
„Nein, so leicht geht das nicht“, schmunzelt die Mutter ...

> Muhammad sagte:
> „Wenn ein Mensch stirbt,
> fragen die Menschen,
> was er ihnen hinterlassen hat.
> Die Engel aber fragen,
> was er vorausgeschickt hat.“
>
> *Sammlung Baihaqī*

- Wie würdet ihr die letzte Antwort der Mutter fortsetzen? Bezieht dabei den Ausspruch Muhammads in eure Überlegungen ein.
- Denkt darüber nach: Worüber könnten die Grabes-Engel einen Menschen nach seinem Tod noch befragen?

Unerwarteter Besuch ...

Friedensreich Hundertwasser (937) *Unendlichkeit ganz nahe*

Es war im Monat Ramadan, als Muhammadﷺ sich in einer kleinen Höhle (sie wird auf Arabisch *hīrā* genannt) auf einem Berg bei Mekka befand. Plötzlich erschien ihm der Engel Gabriel (*Dschibrīl*).

Der Engel kam im Auftrag Gottesﷻ und brachte die ersten Verse des Qur'āns:
„O, Muhammadﷺ, du bist der Gesandte Gottesﷻ und ich bin Gabriel!"
Ich hob mein Haupt zum Himmel, und siehe, da war Gabriel in der Gestalt eines Mannes, und seine Füße berührten den Horizont des Himmels. Dann begann ich, mein Gesicht von ihm abzuwenden und über den Horizont schweifen zu lassen, doch in welche Richtung ich auch blickte, immer sah ich ihn in der gleichen Weise.

Ibn Ishaq

- Versetze dich in die Lage Muhammadsﷺ: Wie wird er sich gefühlt haben?
- Wie würdest du reagieren, wenn dir etwas Großes, Unbekanntes begegnet?
- Die ersten Verse des Qur'āns, um die es hier geht, findet ihr in 96:1-5.
  Ihr könnt euch hierzu auch die Seiten 106, 116 und 117 im *Saphir* anschauen.

ʿUmar ibn al-Khattāb, ein treuer Weggefährte Muhammadsﷺ, berichtet folgendes Erlebnis:

Wir saßen einmal mit mehreren Leuten in der Moschee beisammen. Muhammadﷺ, der Gesandte Gottesﷻ, war bei uns. Während wir uns mit ihm unterhielten, wurden wir plötzlich unterbrochen. Ein Mann kam herein. Er trug ein langes weißes Gewand und hatte tiefschwarze Haare. Keiner von uns kannte ihn. Wir hatten erwartet, dass er dunkle, staubige Kleidung trug, wenn er durch die Wüste geritten wäre. Deshalb wunderten wir uns. Noch viel mehr wunderten wir uns aber, als er ohne Gruß an uns vorbeiging und sich direkt vor Muhammadﷺ hinsetzte, sodass sich ihre Knie berührten. Und dann legte er auch noch seine Hände auf Muhammadsﷺ Oberschenkel – was man eigentlich nur tut, wenn man verwandt oder wirklich gut befreundet ist. Aber hätten wir ihn dann nicht kennen müssen?
Und dann hörten wir, wie der Besucher Muhammadﷺ ohne Umschweife aufforderte:
„Sag mir, was der Islām ist!"
„Du bezeugst, dass es keinen Gottﷻ außer dem Einzigen gibt und dass Muhammadﷺ SEIN Gesandter ist, du hältst die Gebete ein, du gibst an die Bedürftigen ab, du fastest im Monat Ramadān und du machst die Wallfahrt nach Mekka, wenn du kannst",
gab Muhammadﷺ zur Antwort.
Der Besucher erwiderte: „Du hast recht",
und wir wunderten uns darüber, warum er ihn erst fragte und ihm dann recht gab.
Da stellte der Besucher seine zweite Frage:
„Sag mir, was *Imān* ist!"
„Du glaubst an Gottﷻ, SEINE Engel, SEINE Schriften, SEINE Gesandten, an die Wiederauferweckung zum Leben nach dem Tode und an die Bestimmung in ihren guten und schlechten Dingen", gab Muhammadﷺ zur Antwort.
Wieder gab ihm der Besucher recht. Und dann sagte er:
„Und jetzt: Was bedeutet *Ihsān*?"
Muhammadﷺ antwortete: „Handle so, als könntest du Gottﷻ sehen. Auch wenn du ihn nicht siehst – ER sieht dich."
Als der Fremde gegangen war, fragte Muhammadﷺ mich:
„ʿUmar, weißt du, wer das war? Das war der Engel Gabriel. Er wollte euch eure Religion lehren."

Der bekannte „Hadīth mit Gabriel" (hadīth dschibrīl), Sammlung Muslim; gekürzt

- Lest den Hadīth mit verschiedenen Rollen.
- Tragt die Antworten zu den beiden Begriffen Islām und Imān zusammen.
- Welche Bedeutung hat der Engel Gabriel für den Islam und Muhammadﷺ?
- Gabriel kam nicht nur zu Muhammadﷺ. Ihr könnt im Qur'ān weitere Begegnungen nachlesen: 3:38-40, 3:42 und 19:17.

Unsichtbar, aber da

Der Himmel wurde schwer,
und er ist berechtigt, schwer zu werden,
denn in ihm gibt es keinen vierfingerbreiten Platz,
ohne dass es darauf einen Engel gibt, der sich vor Gott niederwirft.

Sammlungen Ahmad und Tirmidhī

- Nun habt ihr viel Neues über Engel erfahren. Tragt alle Informationen über das Thema zusammen und erstellt daraus ein Kreuzworträtsel mit dem Lösungswort „Engel".

Jede Gemeinschaft hat einen Gesandten. Wenn er kommt, wird zwischen ihnen gerecht entschieden und ihnen wird kein Unrecht getan.

10:47

Gott ﷻ hat zu jedem Volk einen Gesandten geschickt. Er hat die Aufgabe, unter den Menschen für Gerechtigkeit zu sorgen.

وَلِكُلِّ أُمَّةٍ رَّسُولٌ ۖ
فَإِذَا جَآءَ رَسُولُهُمْ قُضِىَ بَيْنَهُم
بِٱلْقِسْطِ وَهُمْ لَا يُظْلَمُونَ ۝

*Einer für alle –
alle für einen!*

6 Muhammad ﷺ kam als Letzter

Wer hilft uns hinaus?

Wer schlichtet den Streit zwischen unseren Stämmen?

Papa hat seinen Job verloren, müssen wir jetzt ausziehen?

Ich habe Peter verprügelt, was geschieht nun mit mir?

Was bringt mir Religion?

Die Botschafter

Botschafter übermitteln Botschaften ihres Auftraggebers. Ähnlich verhielt es sich mit den „Gesandten", die im Auftrag Gottesﷻ sprachen. Solche Gesandte, die auch als Propheten bezeichnet werden, waren besondere Menschen. Sie wurden von Gottﷻ für ihre schwierige Aufgabe ausgesucht. Sie waren ehrlich, man konnte ihnen vertrauen, sie waren klug, hatten Mut und vertrauten selbst ganz und gar Gottﷻ, ihrem Auftraggeber. Sie übermittelten SEINE Botschaft an ihre Mitmenschen. Die folgenden Aussagen stellen eine kleine Zusammenfassung aus der Sure 21 und aus der Sure 36:11-30 darüber dar, was die Gesandten zu ihren Mitmenschen gesagt haben:

„Wir sind nur Abgesandte Gottesﷻ."

„Wir bringen eine klare Botschaft von Gottﷻ."

„Wir verfolgen keine eigenen Interessen."

„Wir wollen von euch keinen Lohn haben."

„Wir sind Menschen wie ihr – wir essen, trinken und schlafen, wir lachen und weinen …"

„Wir lehnen Zwang ab."

„Wir rufen euch auf, euer Verhalten zu ändern."

„Wir halten es aus, verspottet zu werden."

„Wir erinnern euch daran, dass es ein Leben nach dem Tod gibt."

„Wir befolgen selbst, was wir euch raten."

„Wir erinnern euch daran, dass es nur einen Gottﷻ gibt."

„Wir erinnern euch an eure Verantwortung vor Gottﷻ."

„Wir lehren euch die Religion, indem wir sie vorleben."

- Welche ausweglosen Situationen könnt ihr zum Irrgarten ergänzen?
- In der islamischen Tradition ist es üblich, Gesandte ohne Gesicht darzustellen. Überlegt euch, welche Gründe es dafür gibt.
- Fragt eure christlichen Mitschülerinnen und Mitschüler, welche Propheten sie kennen.
- Hier eine schwierige Aufgabe für die, die schon besser mit dem Qur'ān umgehen können: In 37:139-148 steht die Geschichte mit Jonas und dem Fisch. Lest sie nach. Dazu gehört ein kurzes, aber wichtiges Bittgebet in 21:87. Es erinnert an das Glaubenszeugnis; vergleicht mit *Saphir* Seite 9. Lest es auf Arabisch und auf Deutsch oder lasst es euch vorsagen! Lernt es auswendig, wenn ihr mochtet.

Wenn Gott ﷻ mit SEINEN Gesandten

Jeder der oben aufgezählten Gesandten zeichnet sich durch seine besondere Geschichte aus, die im Qur'ān erzählt wird – bei einigen sehr ausführlich (zum Beispiel Mūsā), bei anderen nur ganz kurz (zum Beispiel Schuʿaib); wieder andere werden nur namentlich erwähnt (zum Beispiel Alyasaʿ). Trotzdem weist der Qur'ān in 2:136 darauf hin, dass keiner der Gesandten aus dieser Reihe „herausgenommen" wird. Was könnte eurer Meinung nach damit gemeint sein? Seite 67 im *Saphir* hilft euch bei der Antwort.

- Sucht euch jeweils einen Gesandten aus und findet entsprechende Stellen im Qur'ān, die über ihn berichten (schaut im Namensregister des Qur'āns nach). Schreibt dann den Namen des Gesandten und einen Satz, der euch besonderes beeindruckt und diesen Gesandten treffend beschreibt, auf einem Stoffstreifen auf. Malt jeden Streifen in einer anderen Farbe aus und verwebt diese zu eurem „Gesandten-Wandteppich".
- Schreibt die Namen der Gesandten jeweils auf einen Papierstreifen auf. Sammelt diese Streifen in einem Körbchen. Jede/r zieht einen Streifen, ohne sich den Namen anzuschauen, und klebt den Streifen auf die eigene Stirn. Nun stellt ihr eine Frage, um herauszufinden, welchen Gesandten-Namen ihr auf der Stirn tragt, z. B.: „Könnte ich Kranke heilen?", „Könnte ich einen Stab in eine Schlange verwandeln?" usw.
- Die Namen der Gesandten in Klammern sind ihre Namen in den heiligen Büchern der Juden und Christen. (Manchmal ist die Zuordnung nicht eindeutig!) Versuche so viel wie möglich bei deinen christlichen und jüdischen MitschülerInnen über die Gesandten herauszubekommen. Welche Rolle spielen sie in ihrer Tradition? Vergleiche die Erzählungen mit dem, was du über dieselben Gesandten bisher gelernt hast.
- Findet in den vier Texten auf Seite 69 das Wort, das auf die Art der Vermittlung hinweist.

spricht …

… dann benutzt er unterschiedliche Mittel: direkte, hörbare Worte, Eingebung, bestimmte Zeichen oder die Übermittlung durch den Engel Gabriel.
Hier findet ihr jeweils ein Beispiel aus dem Qur'ān:

Mūsā wurde zugerufen: „Gesegnet ist, wer sich im Feuer und in seiner Umgebung befindet. Und gepriesen sei Gottﷻ der Herr, der Herr der Menschen in aller Welt! Mūsā! ICH bin Gottﷻ, der Mächtige und Weise.“ *27:8*

Jūsuf sagte zu seinem Vater: „Vater! Ich habe im Traum elf Sterne und die Sonne und den Mond gesehen. Ich sah sie voller Ehrfurcht vor mir niederfallen.“ *12:4*

Sakarīyā sagte: „Herr! Gib mir ein Zeichen!“ Gottﷻ sagte: „Dein Zeichen sei, dass du drei Tage ohne Unterbrechung nicht mit den Leuten sprichst!“ *19:10*

Wenn einer dem Gabriel Feind ist – er hat den Qur'ān doch mit Gottes Erlaubnis dir (Muhammadﷺ) ins Herz herabkommen lassen, als Bestätigung dessen, was vor ihm da war, und als Rechtleitung und Frohbotschaft für die Gläubigen. *2:97*

Im Leben wachsen

Muhammadﷺ wurde ungefähr im Jahr 570 n. Chr. in Mekka geboren. Sein Vater ʿAbdullāh war Händler und daher viel mit Karawanen unterwegs. Er starb kurz vor der Geburt Muhammadsﷺ. Als Säugling wurde Muhammadﷺ der Amme Halīma in Obhut gegeben. Sie war eine Beduinenfrau und sorgte gut für ihn. Es war damals üblich, die kleinen Kinder für eine gewisse Zeit den Beduinen anzuvertrauen. In Mekka war es sehr heiß und trocken, und die Beduinen zogen in die kühleren Berge, wo sie auch ihre Tiere weideten. Dort war das Klima gesünder.

Im Alter von vier Jahren kehrte Muhammadﷺ zu seiner Mutter Amīna zurück. Sie starb, als Muhammadﷺ gerade sechs Jahre alt geworden war. Sein Großvater ʿAbdulmuttalib war das Oberhaupt des mächtigen Stammes der Quraisch. Er nahm den Waisenjungen, der als klug galt, gerne bei sich auf. Zwei Jahre später aber starb auch ʿAbdulmuttalib. Dessen Sohn Abu Tālib hatte ʿAbdulmuttalib versprechen müssen, sich um Muhammadﷺ zu kümmern. Also nahm er Muhammadﷺ bei sich auf und sorgte für ihn, als wäre er sein eigener Sohn.

Bald zeigte sich, dass Muhammadﷺ nicht nur klug, sondern auch ehrlich war. Jeder in Mekka wusste: Muhammadﷺ log nicht, redete nicht über andere und war fleißig. Wer Weidetiere besaß, vertraute sie ihm als Hirten an. Bald begleitete er auch Handelskarawanen auf ihren weiten und gefährlichen Reisen. Muhammadﷺ war wegen seines guten Charakters beliebt. Er wurde *al-amīn* genannt, was so viel bedeutet wie „der, bei dem wir sicher sind".

Im Alter von 25 Jahren begleitete er im Auftrag der wohlhabenden Geschäftsfrau Khadīdscha eine Karawane nach Damaskus. Die Geschäfte liefen gut. Khadīdscha, die fünfzehn Jahre älter war als Muhammadﷺ, bot ihm kurz darauf die Ehe an. Muhammadﷺ nahm an, und die beiden heirateten.

„Wir haben dich geschickt als eine Gnade für alle."

21:107

- Stellt euch vor, ihr verliert eure Eltern. Wie würdet ihr euch wohl fühlen? Was würdet ihr euch von anderen Menschen wünschen?
- Zur Diskussion: Muhammadﷺ verlor kurz nacheinander seine nächsten Verwandten und wichtigsten Bezugspersonen. Er hätte also auch zu einem zornigen jungen Mann heranwachsen können, der enttäuscht war von der Welt, traurig über sein Leben und neidisch auf andere Kinder, die ihre Eltern noch hatten. Welche Einflüsse könnten eurer Meinung nach dazu geführt haben, dass trotzdem aus ihm einer wurde, den die Leute *al-amīn* nannten?
- Zu dieser Geschichte könnt ihr im Qur'ān die Sure 93 nachlesen.

- Im Bild vom Baum stehen einige Eigenschaften Muhammads ﷺ in den Zweigen. Lasst euch eine Kopie geben und schreibt in die Wurzeln, was nötig ist, damit ein solch starker und edler Baum wächst.
- Welche dieser Eigenschaften passt am besten zu dir?
- Auf Seite 67 wird etwas über die Aufgaben gesagt, die Gott ﷻ SEINEN Gesandten anvertraut hat. Dabei geht es auch um besondere Charaktereigenschaften. In welchen Berufen, die ihr kennt, werden solche und ähnliche Eigenschaften benötigt?
- Der Qur'ān schildert in vielen Geschichten über die Gesandten, dass sie nicht ernst genommen, ausgelacht, manchmal vertrieben und sogar getötet wurden. Wie würdest du das Gefühl beschreiben, wenn du etwas sehr Wichtiges mitzuteilen hättest – und keiner hört dir zu oder glaubt dir?

Glanzlichter

◆ Mithilfe der Nummern lassen sich diese Worte (*hadīthe*) des Gesandten Muhammad in einer Tabelle bestimmten Oberbegriffen zuordnen: Familie, Arbeitswelt, Körperpflege, Essen und Trinken, Beten, Freunde und andere. Dabei können einzelne Prophetenworte mehrfach zugeordnet werden.

- Du kannst dir aus diesen Prophetenworten eines aussuchen, das dir besonders wichtig ist. Schreibe es auf ein Schmuckblatt und begründe deine Auswahl in einem kurzen Text.

Das Siegel der Gesandten

Muhammadﷺ sagte: Die Gesandten, die vor mir da waren, und ich – dazu gibt es ein Gleichnis: Stellt euch ein Haus vor, schön erbaut und herrlich ausgestattet. Aber in einer Ecke der Mauer fehlt ein Stein. Die Menschen gehen um das Haus herum und fragen sich, warum wohl der fehlende Stein nicht eingefügt wurde. Der fehlende Stein bin ich – ich bin das Siegel der Gesandten.

Sammlungen Bukhārī und Muslim

Einen Schlussstrich ziehen

Einen Vertrag besiegeln

„Darauf gebe ich dir Brief und Siegel!“

- „Einen Schlussstrich ziehen, einen Vertrag besiegeln“: Eine Sache ist echt, sie ist beschlossen, sie ist nicht mehr änderbar. Findet weitere Redewendungen und Wortspiele, in denen das Beenden eines Vorgangs anschaulich benannt wird.
- Ihr könnt selbst ein Siegel herstellen. Jede und jeder überlegt sich ein Zeichen, zum Beispiel die Anfangsbuchstaben des eigenen Namens oder ein einfaches Symbol. Zeichnet es auf. Besorgt euch ein kleines Stück Speckstein und übertragt euer Zeichen darauf. Tropft etwas Siegellack oder Wachs auf einen Brief und drückt euer Siegel hinein, um ihn zu versiegeln.

Hussein Zenderoudi, 1971

- Der Künstler Hussein Zenderoudi hat seinem Bild den Titel „Der Gesandte auf dem fliegenden weißen Pferd" gegeben. Warum sind aber weder Muhammad[s] noch ein fliegendes Pferd zu sehen?
- Der Künstler spielt mit seinem Bild auf ein Ereignis an, das als „die Nachtreise und die Himmelfahrt" Muhammads[s] bekannt ist. Der Qur'ān erwähnt das in 17:1. Ihr könnt Bekannte oder Freunde, die diese Geschichte kennen, befragen. Oder ihr recherchiert auf anderen Wegen und präsentiert eure Ergebnisse.

„Dich rufe ich, Herr!“

Mit Bergen und mit Steinen auch
will ich DICH rufen, Herr, o Herr!
Mit Vögeln früh im Morgenhauch
will ich DICH rufen, Herr, o Herr!

Mit Fischen in des Wassers Grund,
Gazellen in der Wüste Rund,
mit Ya Hu aus der Toren Mund
will ich DICH rufen, Herr, o Herr!

Mit Jesus hoch im Himmelsland,
mit Moses an des Berges Rand,
mit diesem Stab in meiner Hand
will ich DICH rufen, Herr, o Herr!

Mit Hiob, der vor Schmerz versteint,
mit Jakob, dessen Auge weint,
und mit Muhammad ﷺ, DEINEM Freund,
will ich DICH rufen, Herr, o Herr!

Yunus Emre

- Der anatolische Mystiker Yunus Emre verfasste dieses Gedicht als ein Gebet. Was haben Natur und Gebet miteinander zu tun? Auf den Seiten 48 und 49 findet ihr wichtige Hinweise.
- Dieses Gedicht eignet sich gut dazu, in schöner Schrift und mit Bildern gestaltet zu werden.
- Wähle eine Strophe aus und male ein Bild dazu. Stelle dein Bild der Klasse vor. Die anderen finden dann heraus, zu welcher Strophe du gemalt hast.
- Das Gedicht nennt Namen einiger Gesandter, die ihr bereits kennt. Schreibt es weiter, indem ihr weitere Gesandte einbezieht.
- Zwischen dem Irrgarten auf Seite 66 und dem Labyrinth auf dieser Seite besteht ein Unterschied!

Wer auf dem Weg Gottes ﷻ aufbricht und etwas zurücklässt, findet auf der Erde viele Zufluchtsorte und Versorgungsmöglichkeiten …

4:100

Wenn jemand für Gott ﷻ seine gewohnte Umgebung verlässt, wird er Auswege, Schutz, Nahrung und Arbeit finden …

وَمَن يُهَاجِرْ فِى
سَبِيلِ ٱللَّهِ يَجِدْ فِى ٱلْأَرْضِ
مُرَٰغَمًا كَثِيرًا وَسَعَةً ۚ وَمَن يَخْرُجْ
مِنۢ بَيْتِهِۦ مُهَاجِرًا إِلَى ٱللَّهِ وَرَسُولِهِۦ ثُمَّ
يُدْرِكْهُ ٱلْمَوْتُ فَقَدْ وَقَعَ
أَجْرُهُۥ عَلَى ٱللَّهِ ۗ وَكَانَ
ٱللَّهُ غَفُورًا رَّحِيمًا

Jeder Mensch ist Ausländer, fast überall!

7 Muhammad ﷺ in Medina

Aufbrechen …

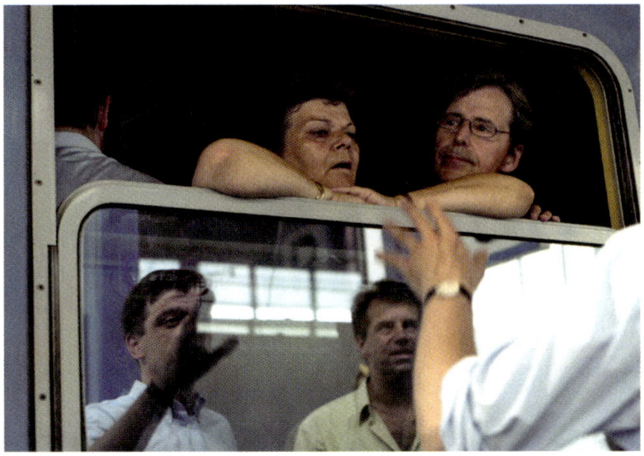

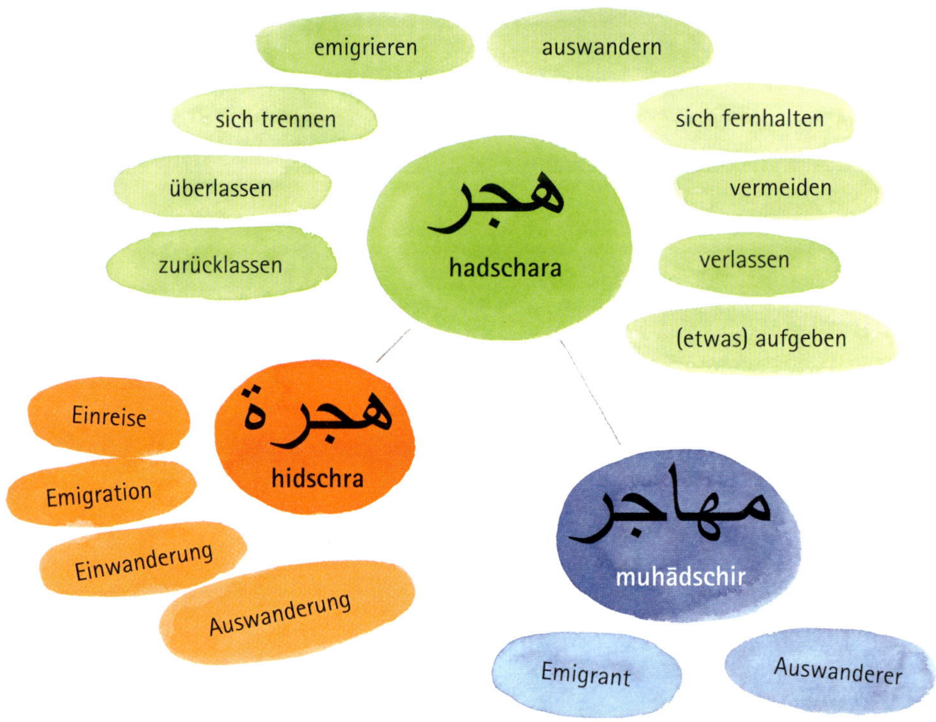

- Die drei arabischen Begriffe bilden eine Wortfamilie. Das dazugehörige Wortfeld deutscher Begriffe zeigt verschiedene Möglichkeiten der Übersetzung. Klärt in Gruppen, was die einzelnen Übersetzungen bedeuten; ihr könnt dazu auch Beispielsätze formulieren.
- Es lassen sich weitere Begriffe finden, die zu diesem Wortfeld passen.

... und ankommen

Mein Wohnort ist vielseitig

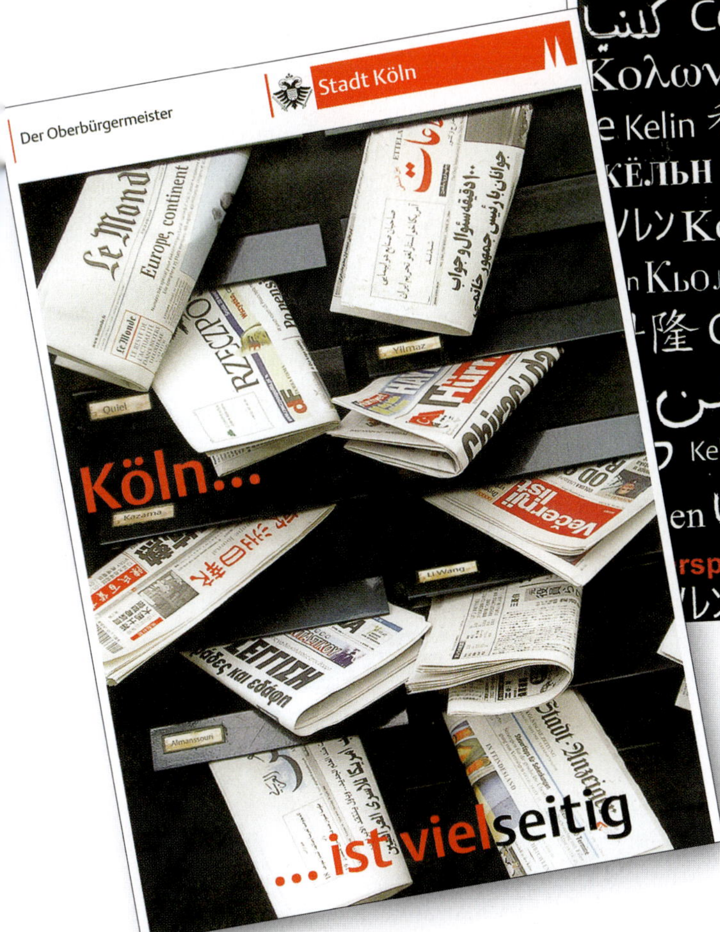

- Diese Postkarten wurden von der Stadt Köln verteilt. Sie zeigen die Vielfalt der Sprachen, die in vielen Städten Deutschlands gesprochen werden. Welche der Sprachen erkennt ihr?
- Schreibt die Namen der verschiedenen Länder, aus denen eure Familienangehörigen, Freunde, Nachbarn oder Bekannten stammen, jeweils auf einen Zettel. Erkundigt euch, wie diese Länder in den jeweiligen Landessprachen heißen.
- Verteilt unter euch jeweils ein Kurzreferat zu einem der Länder und informiert euch gegenseitig über Wichtiges und Wissenswertes. Dazu könnt ihr eine Weltkarte zu Hilfe nehmen.
- Wenn ihr daraus eine große Plakatwand herstellt, könnt ihr damit auch andere informieren.

Heimat verlassen

Es gibt viele Gründe, warum Muslime ihre Heimat verlassen und nach Deutschland auswandern. Auch ich gehöre zu diesen Menschen. Ich heiße Ahmad, und ich stamme aus Afghanistan. Als ich 13 Jahre alt war, musste ich zusammen mit meinen Eltern und Geschwistern unser Land verlassen. Zu dieser Zeit herrschte dort ein grausamer Krieg, weil fremde Soldaten einige Jahre zuvor Afghanistan überfallen hatten und es besetzt hielten. Die Regierung betrachtete insbesondere praktizierende Muslime als ihre Gegner und verfolgte sie. Wer regelmäßig in die Moschee ging, der wurde nachts in seinem Haus verhaftet, monatelang gefoltert und meistens ermordet. Nur wenige der verhafteten Menschen konnten dem Tod entkommen. Diese friedlichen Muslime wurden oft zu Unrecht beschuldigt, sich am Widerstand gegen die fremden Soldaten und die Regierung zu beteiligen.

Auch wir hatten ständig Angst, nachts aus unserem Haus gezerrt und verhaftet zu werden. Wir lebten in der Hauptstadt Kabul. Dort gab es überall Spione, die bei kleinstem Verdacht unschuldige Menschen an den berüchtigten Geheimdienst verrieten. Wir versuchten, möglichst unauffällig zu leben, und konnten den Islam nur sehr eingeschränkt praktizieren. Einmal, im Fastenmonat Ramadan, gerieten wir aber in ganz große Gefahr. Ein Nachbarsjunge fragte mich, ob wir fasten. Ich wusste, dass sein Vater und seine älteren Brüder für den Geheimdienst arbeiteten. Deshalb antwortete ich: „Keiner aus unserer Familie fastet!"

Er sah mich böse an und sagte weiter: „Warum lügst du? Deine Lippen sind trocken. Du hast bestimmt den ganzen Tag nichts getrunken."

Ich erzählte, dass ich wegen des vielen Staubes in der Stadt und der starken Sonnenstrahlen trockene Lippen hätte.

Er schaute mich vorwurfsvoll an: „Das stimmt nicht. Wir wissen, dass deine ganze Familie fastet. Wir beobachten euch jede Nacht. Seit Beginn des Ramadans steht ihr nachts auf und esst etwas, bevor der Tag anfängt. Wir wissen es, weil in eurem Haus seit Beginn des Ramadans immer kurz vor der Morgendämmerung das Licht brennt."

Ich weiß heute noch genau, wie sehr ich erschrak. Vor lauter Angst fiel mir nichts mehr ein. Ich merkte, in welcher großen Lebensgefahr wir uns befanden.

Kurze Zeit nach diesem Vorfall verließen wir heimlich in der Nacht unser Haus und unsere Heimat. Wir vertrauten auf Gott und dass ER uns in dieser weiten Welt Zuflucht und Hilfe gewährt. Einige Monate später kamen wir in Deutschland an.

- Wie es für Ahmad weitergeht, lässt sich aus unterschiedlichen Perspektiven weitererzählen: aus seiner eigenen, der seiner Mutter, des Vaters ...
- Der Text gibt Auskunft darüber, warum es für Ahmads Familie nicht mehr möglich war, in ihrer Heimat zu bleiben. An einigen Stellen im Text wird deutlich, was sich an der Situation in Ahmads Heimat ändern müsste, damit die Familie dort in Frieden leben könnte.
- Was könnte es Ahmad und seiner Familie leichter machen, in Deutschland eine neue Heimat zu finden?

Aufbruch ins Unbekannte:
Dieter B. und Janina Sch. sind von Deutschland in den äußersten Westen Norwegens gezogen, in den kleinen Ort Selje. Der Elektroingenieur war in Deutschland arbeitslos, jetzt hat er einen Job in einer Bootsfabrik. Seine Freundin hat sofort Arbeit in einer Fischfabrik gefunden. Seit fast einem halben Jahr sind sie in Norwegen und fühlen sich wohl.

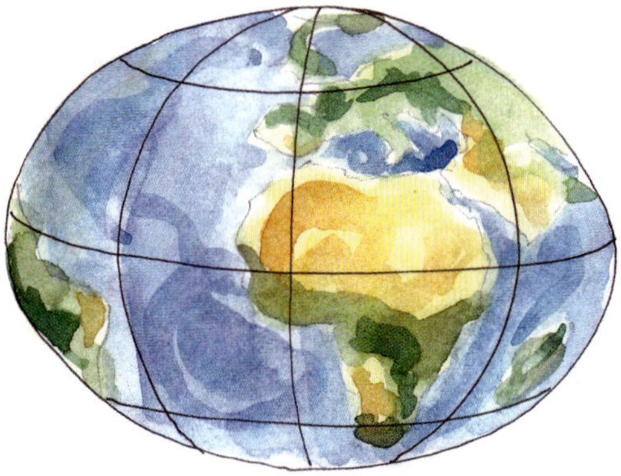

Der Millionär auf Hawaii:
Schönheitssalons und Pferdezucht sind seine Einnahmequellen. Und damit verdient Mustafa A. Millionen. Vor über 40 Jahren ist er von Neipperg im Landkreis Heilbronn nach Hawaii ausgewandert, nur mit einer abgeschlossenen Friseurlehre in der Tasche. Längst fühlt sich der 68-Jährige als Hawaiianer. Er besucht aber regelmäßig seine Verwandtschaft in der schwäbischen Heimat.

Leben in der Wildnis Kanadas:
Alaska-Highway Richtung Norden, eiskalte Winter, raues Klima – mittendrin leben die N.s aus Heimersheim bei Bad Neuenahr/Ahrweiler. Sie betreiben eines der 20 besten Speiselokale Kanadas. Ende der Achtzigerjahre des letzten Jahrhunderts haben sie den Schritt gewagt, ihr gesamtes Erspartes investiert und in Kanada ein neues Leben angefangen.

Die Insel im Nirgendwo:
Seit über 20 Jahren lebt der Hamburger als einziger Deutscher auf der Insel Tuwalu im Südpazifik. Er hat dort die Liebe seines Lebens getroffen, eine Familie gegründet und leitet nun eine Pension für Touristen.

- Hier werden Geschichten von Menschen erzählt, die aus Deutschland ausgewandert sind. In Zeitschriften oder im Internet könnt ihr weitere Geschichten finden, oder ihr kennt sogar selbst jemanden, der diesen Schritt gewagt hat.
- Besprecht in Gruppen, aus welchen Gründen die Menschen wohl aus Deutschland ausgewandert sein könnten.

Hidschra – Beginn einer neuen Zeit

Die Geschichte der Auswanderung

Abu Bakr, der Freund des Gesandtenﷺ, war erleichtert: Die ersten Auswanderer aus Mekka waren gut in Medina angekommen. Sie lebten dort unter dem Schutz derjenigen Helfer (*ansār*), bei denen sie Aufnahme gefunden hatten. Aber Muhammadﷺ und einige andere, die noch in Mekka geblieben waren, befanden sich in größter Gefahr: Die Ratsversammlung der Stämme der Quraisch hatte beschlossen, den Gesandtenﷺ zu töten. Abu Bakr drängte zum Aufbruch, doch Muhammadﷺ hielt ihn zurück: „Überstürze nichts. Vielleicht gibt Gottﷻ dir einen Reisegefährten."
Die Tage gingen dahin, bis Muhammadﷺ eines Mittags zu Abu Bakr sagte: „Mach dich fertig, wir brechen auf. Gottﷻ gab mir die Erlaubnis. Wir gehen zusammen." Abu Bakr weinte vor Freude.
Es gab viel zu tun: unauffällig Reittiere aussuchen, Proviant vorbereiten ... ᶜAlī gab im Auftrag Muhammadsﷺ die Dinge zurück, die einige Mekkaner ihm zur Aufbewahrung gegeben hatten. Auch die nun offen zutage tretende Feindschaft rechtfertigte keinen Diebstahl. Ein Führer wurde gefunden, der die Strecke durch die Wüste gut kannte. Er war kein Muslim, bewahrte aber Stillschweigen; denn der Aufbruch musste geheim bleiben. Nicht alle Mekkaner waren gegen Muhammadﷺ. Aber die Quraisch hatten inzwischen einhundert Kamele als Belohnung für seine Ergreifung ausgesetzt.
Zunächst versteckten sich die beiden in einer Höhle bei Mekka. Abu Bakrs Tochter Asmā brachte ihnen weiteren Proviant. Drei Tage später brachen sie auf. Ihr Führer leitete sie sicher von Wasserstelle zu Wasserstelle, bis sie Medina erreichten. Nun waren sie gerettet und in Sicherheit.
Dort wurden sie voll Sehnsucht von denen erwartet, die schon vorher ausgewandert waren. Ein jüdischer Bürger Medinas war der Erste, der die Reisenden erblickte. Er rief den Bewohnern der Stadt zu: „Euer Glück ist gekommen!" Im Nu waren alle auf den Beinen ...

Nacherzählt nach Ibn Ishaq

Die arabische Halbinsel, von einem Satelliten aus großer Höhe fotografiert.

Der islamische Kalender

Der islamische Kalender ist ein Mondkalender: Er richtet sich nach den Mondphasen.
Die islamische Zeitrechnung beginnt mit der Auswanderung Muhammads ﷺ (*hidschra*) am ersten Tag des Monats *Muharram*.
Das war am 16. Juli im Jahre 622 nach christlicher Zeitrechnung, die sich an der Geburt Jesu orientiert und dem Jahreszyklus der Sonne folgt.
Ein Mondjahr ist um einige Tage kürzer als ein Sonnenjahr. Die islamischen Feiertage, deren Datum nach der Auswanderung festliegen, wandern deshalb im Laufe mehrerer Jahrzehnte durch das Sonnenjahr.

Diese mathematischen Formeln helfen, ein Datum aus dem christlichen Kalender in den islamischen umzurechnen – und umgekehrt (C = Jahr nach christlicher Zeitrechnung; H = Jahr nach der Hidschra).

$$C \approx \frac{32\,H}{33} + 622$$

$$H \approx \frac{33\,(C - 622)}{32}$$

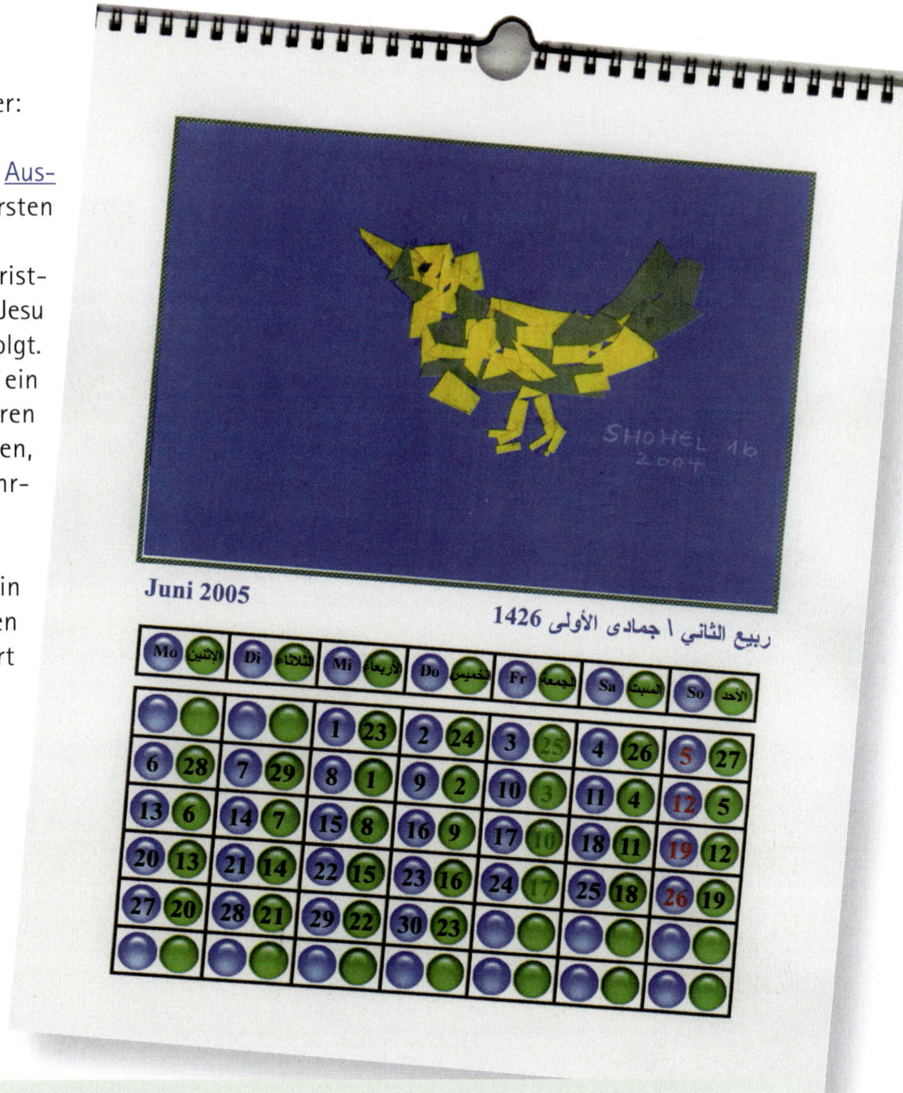

- Vor einer Auswanderung in ein anderes Land müssen viele Vorbereitungen getroffen werden. Dabei besteht ein Unterschied, ob es sich um eine Flucht handelt oder um eine sorgfältig geplante Auswanderung. Sucht euch eine der Geschichten auf den Seiten 80 und 81 heraus und bildet entsprechende Teams. Versetzt euch in die Lage der Betroffenen und überlegt, welche Vorbereitungen jeweils vor der Abreise nötig waren.
- Fällt der Ramadan in Deutschland auf den Sommer, dann ist die tägliche Fastenzeit länger, als wenn er auf den Winter fällt. Das liegt daran, dass vom Beginn der Morgendämmerung bis zum Sonnenuntergang gefastet wird. Im Sommer sind die Tage länger als im Winter. Während aber bei uns Sommer ist, haben die Muslime in Australien Winter. Denkt nach: Welchen Vorteil hat es für die Muslime weltweit, dass der Fastenmonat dem Mondkalender folgt?
- Findet heraus, welche aktuelle Website im Internet bei der Umrechnung hilft, wenn ihr genauere Daten, zum Beispiel eure Geburtstage, wissen wollt.
- Für geschickte Rechner: Rechne das Alter deiner Mutter und deines Vaters nach islamischer Zeitrechnung aus: Wie viele Tage leben sie schon? Teile diese Zahl durch die Anzahl der Tage des islamischen Jahres.
- Die Suren des Qur'ān sind gekennzeichnet, ob sie in Mekka oder in Medina geoffenbart wurden. Worauf deutet das hin? Kundige unter euch können herausfinden, um welche Themen es in Mekka und um welche es in Medina eher ging.

Regeln regeln

Muhammad hat sich in Medina nicht nur um die Belange der Musliminnen und Muslime gekümmert. Dem Stadtvertrag von Medina traten auch Stämme bei, die anderen Religionen angehörten. Muhammads Ziel war Gerechtigkeit für alle – ob Muslim oder nicht. Er verlangte zum Beispiel, in Streitfällen immer alle Betroffenen anzuhören, bevor man urteilt.
Wie wichtig das heute noch ist, macht der Qur'ān in 42:36-43 deutlich. Dort wird die gegenseitige Beratung gemeinsam mit anderen Dingen zur religiösen Pflicht erhoben.

Klassenversammlung

auf Gott hören und IHM vertrauen
den Zorn überwinden und vergeben
auf Gott hören und IHN anbeten
die schlechten Dinge vermeiden und kein Unrecht begehen

sich mit den Mitmenschen beraten

Geduld und Entschlossenheit in den guten Dingen üben
lieber verzeihen als Gleiches mit Gleichem vergelten
von dem, was man hat, Bedürftigen spenden
anderen so wie sich selbst helfen

Preist Gott und sucht Rechtleitung bei IHM.
Hört auf Gottes Worte,
die ER euch in SEINEM Buch verkündet.
Seid nicht hartherzig, sondern nachsichtig.
Unterscheidet das Gute vom Bösen,
das Erlaubte vom Verbotenen.
Nehmt euch keinen Gott neben Gott.
Tut, was ihr sagt, und haltet, was ihr versprecht!
Respektiert eure Mitmenschen!
Haltet fest am Bund mit Gott!

Aus einer Predigt des Gesandten Muhammad, die er vor den ersten Auswanderern gehalten hat.

- Die Ratschläge Muhammads an die Auswanderer beziehen sich auf die einzelnen Menschen wie auch auf die Gemeinschaft. Versetzt euch in die Lage derjenigen, die nun aufbrechen und nicht genau wissen, was auf sie zukommt – die vielleicht in ein Land ziehen, dessen Sprache sie nicht sprechen und dessen Menschen sie nicht kennen. Wie können diese Ratschläge helfen, sich in der neuen Heimat einzuleben?
- Wählt einen der Ratschläge aus und beschreibt eine Situation, in der seine Beachtung besonders wichtig ist. Dabei könnt ihr in einer Liste mit zwei Spalten gegenüberstellen, welche Folgen die Beachtung und die Nichtbeachtung haben können.

Das menschliche Zusammenleben kann nur auf der Grundlage sinnvoller Regeln friedlich verlaufen. Das gilt ganz besonders für das Zusammenleben von Menschen unterschiedlicher Herkunft oder Religion.

So ähnlich traf das auf die Menschen von Medina zu. Muhammad und die Einwohner Medinas einigten sich auf solche Regeln. Sie waren ihnen so wichtig, dass sie sie aufschrieben:

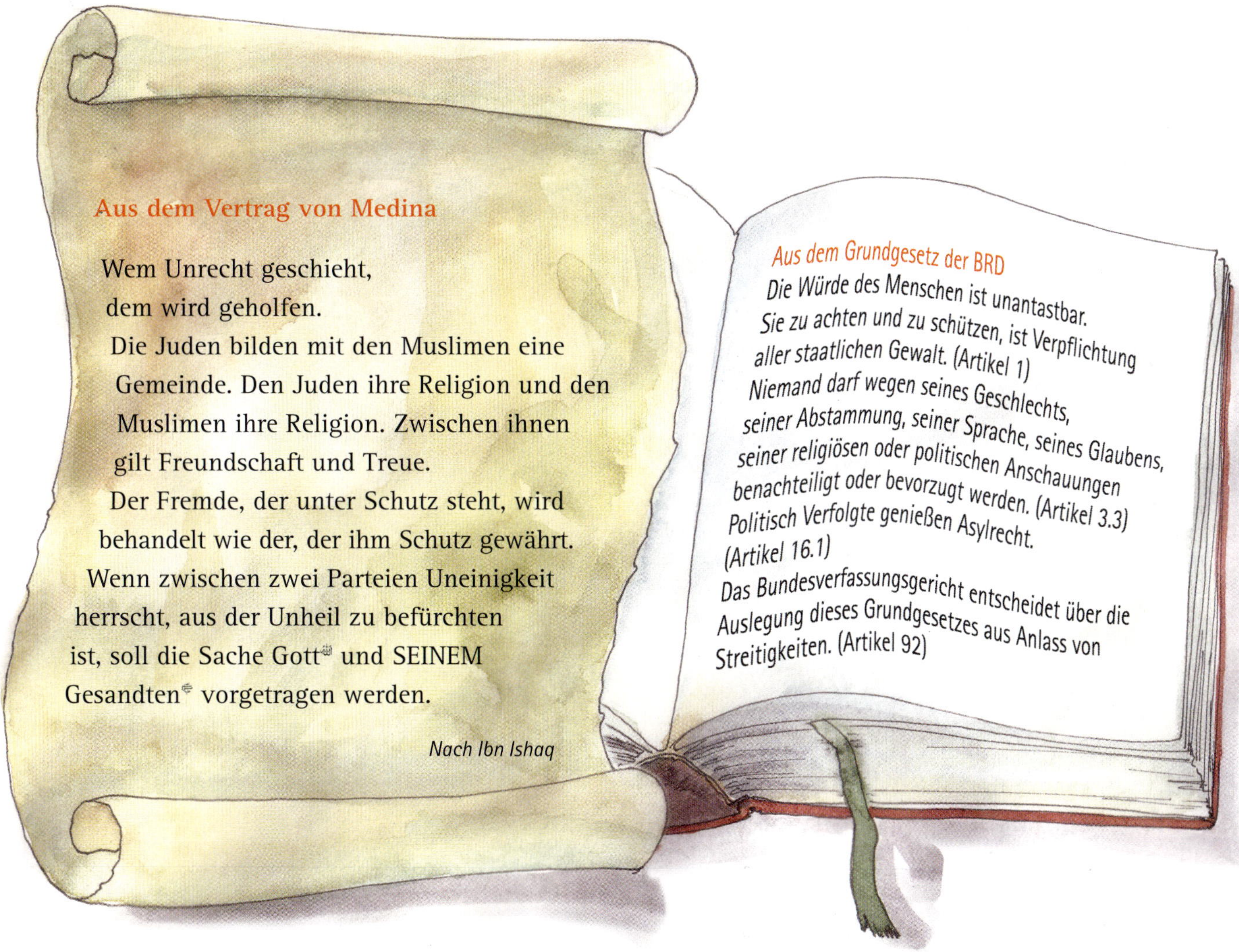

- Im Vertrag von Medina und in den hier zitierten Grundgesetzartikeln lassen sich gemeinsame Grundideen finden.
- Lest noch einmal Ahmads Geschichte im *Saphir* Seite 80. Welche Bedeutung haben die Grundgesetzartikel 1, 3.3 und 16.1 für Ahmad von dem Tag an, an dem er deutschen Boden betrat?
- Eventuell habt ihr euch als Lerngruppe Regeln gegeben, die euch helfen, euer Zusammenleben und eure Zusammenarbeit zu gestalten. Vergleicht hierzu auch die Seiten 36 und 37 im *Saphir*. Einigt euch nun auf drei bis fünf Kernregeln, die ihr euren bisherigen Regeln voranstellt. Sie sollten so wichtig sein, dass sie auch für andere gelten, die nicht zu eurer Lerngruppe gehören. Als Zeichen, dass alle einverstanden sind, unterzeichnen alle mit ihrem Namen.
- Das wäre ein guter Anlass, einmal über gemeinsame Regeln für alle Schülerinnen und Schüler eurer Schule zu nachzudenken, die ihr euch selbst gebt.

Miteinander …

Streit lässt sich manchmal nicht vermeiden, manchmal ist er auch nötig. Dann kommt es darauf an, wie man miteinander umgeht. Auch in diesem Fall verlangt der Islam, bestimmte Regeln einzuhalten:

- miteinander reden
- nach Lösungen suchen
- Gewalt vermeiden
- voneinander lernen
- …

Nicht nur der Islam, sondern auch andere Religionen rufen die Menschen dazu auf, im Streitfall fair miteinander umzugehen. Alle Religionen warnen vor Gewalt und Krieg, die sich entwickeln können, wenn Menschen sich streiten und dabei friedenstiftende Verhaltensregeln missachten. Anhängerinnen und Anhänger der größeren Religionen haben sich 1983 zu einem „Parlament der Weltreligionen" zusammengefunden. Sie haben eine „Erklärung" veröffentlicht, in der unter anderem steht:

Deklaration des „Parlaments der Weltreligionen"

„Wir sind alle voneinander abhängig. Jeder von uns hängt vom Wohlergehen des Ganzen ab."

„Wir müssen andere behandeln, wie wir von anderen behandelt werden wollen."

„Wir müssen danach streben, freundlich und großzügig zu sein."

„Wir verpflichten uns auf eine Kultur der Gewaltlosigkeit, des Respekts, der Gerechtigkeit und des Friedens."

- Welches dieser Symbole gehört zu welcher Religion?
- Die Verhaltensregeln für den Streitfall lassen sich ergänzen. Berichtet von Ereignissen aus eurem eigenen Leben, in denen ihr aus einem Streit etwas gelernt habt.
- Statt „nach Lösungen suchen" sagt man manchmal auch „nach Kompromissen suchen". Erkundigt euch, was der Begriff „Kompromiss" bedeutet.
- Könnte eine solche Zettelwand wie auf der rechten Seite auch an eurer Schule hängen? Denkt euch weitere Aktionen aus, die an eurer Schule, in eurem Stadtteil, mit eurem Verein stattfinden könnten.

… füreinander

muslimehelfen

Wer übernimmt Patenschaften für Waisenkinder?
www.muslimehelfen.de

DIE JOHANNITER

Das Altenheim ***Morgengrund*** sucht nette junge Menschen, die sich bei Limo und Kuchen mit unseren Seniorinnen und Senioren unterhalten und mit ihnen verschiedene Spiele spielen (Schach, Mühle, Doppelkopf usw.).
Bei Interesse informiert

HandwerkerinnenClub
Unter Anleitung führen die Mädchen unserer AG kleinere Reparaturarbeiten durch.

INTERRELI-CAFÉ

Findet ihr Religion auch wichtig? Habt ihr Lust, miteinander über „Gott und die Welt" zu reden? Dann sollten wir uns treffen!

Wer hat Lust auf Tischtennis?
Ridwan, Kl. 5 d

Brot für die Welt

Die Welt braucht auch euch.
Tolle Aktionen für euer nächstes Schulfest.
Und dabei helft ihr noch.
Schaut nach im Internet unter

www.global-gang.de

Cool. Clever. Fair

Offenes Brotbacken für Jungs
unter Anleitung.
Erlös geht an das Obdachlosen-Asyl.

Macht mit!

Stadt Köln

AWO

Der Freizeittreff „JUZE" sucht für den Mädchentreff (Teens bis 11) noch Schülerinnen mit Ideen zur Unterstützung der Gruppenleitung.

Kommt einfach am Mittwoch ab 14.00 Uhr ins JUZE!

Für den Aktionstag am 20. September suchen wir noch helfende Hände zum Streichen von Räumen und zum Gärtnern an verschiedenen Schulen und Kindergärten.
Weitere Infos gibt's beim Bürgertelefon der Stadt.

Medina – die „erleuchtete“ Stadt

Tala ʿal-badru ʿalainā

M: traditionell, engl. T: Yusuf
dt., türk. T: Ayfer Dagdemir Bauknecht

Es geht auf der Vollmond über uns
Überm Tal von Wada'
Uns obliegt der Dank
Für den, der ruft Allāh.

Yüzümüze bedir doguyor
Mekkenin Vadisinden
Üstümüze sükür vacibtir
Allah yoluna çagiran için.

O the White Moon rose over us
from the Valley of Wada'
and we owe it to show gratefulness
where the call is to Allah.

Der Gesandte zusammen mit Abu Bakr und ʿAli auf der Reise

Du bist der Gesandte unter uns
Und du bringst das Gebot der Demut
Ja, du hast dieser Stadt Ehre gebracht
Sei willkommen, Muhammad.

Içimizden seçilen sen
Bize minnet emriyle geldin
Bu sehire seref getirdin
Hos geldin, ya Muhammad.

O you who were raised amongst us
coming with a word to be obeyed
You have brought to this city nobleness.
Welcome! Best caller to God's way.

*… Unser Gott*ﷻ*, schenke uns Freude an unseren Ehepartnern und Nachkommen, und mache uns zu einem Vorbild für die Frommen.*

25:74

*Wir bitten DICH, dass wir Freude an unseren Familienmitgliedern haben. Mach uns zu einem Vorbild für die, die an Gott*ﷻ *glauben.*

وَٱلَّذِينَ يَقُولُونَ رَبَّنَا
هَبْ لَنَا مِنْ أَزْوَاجِنَا وَذُرِّيَّاتِنَا
قُرَّةَ أَعْيُنٍ وَٱجْعَلْنَا لِلْمُتَّقِينَ
إِمَامًا ۝

Ich wünscht, ich wär …

8 Vorbild sein – schaff ich das?

Bin das ich?

Mehr Muskeln – und ich würde besser aussehen.

Bin ich zu dick?

Ist meine Nase zu groß?

Mögen mich die anderen?

Ist mein Gang der eines Models?

Warum bin ich so?

Kann ich gut singen?

Bin ich klug genug?

Habe ich das Zeug zum Fußballer?

Ich habe so viele Pickel!

Gott* hat mich so geschaffen, wie ich bin!

Ich stehe manchmal neben mir und sage freundlich „Du“ zu mir
und sag: Du bist ein Exemplar, wie keines jemals vor dir war.
Du bist der Stern der Sterne!
Das höre ich nämlich gerne.

Jürgen Spohn

- Wie bist du wirklich? Oft möchte man ganz anders sein. Oder sehen einen die anderen anders, als man ist?
- Bringt das Gedicht mit dem Bild in Verbindung.
- Schreibe für dich auf, welche Eigenschaften und Fähigkeiten du hast.
  Heftet euch einen leeren Zettel an den Rücken. Geht in der Klasse herum, schreibt euch gegenseitig darauf, welche Eigenschaften und Fähigkeiten ihr bei dem/der Zettelträger/in seht.
  Vergleicht nun beide Zettel.
- Suche dir eine Person aus der Klasse aus, tauscht euch über eure aufgeschriebenen Eigenschaften aus.

So will ich sein

Meine Freundin kommt mit ihren Eltern echt gut aus. Letzten Sonntag sind sie zusammen in den Freizeitpark gefahren. Dieser Ausflug war eine Belohnung, weil sie so viel zu Hause hilft. Und stellt euch vor, das macht ihr gar nichts aus. Neulich sagte sie zu mir: „Wenn ich sehe, wie viel meine Eltern arbeiten, so helfe ich ihnen doch gerne." Manchmal wünschte ich mir ...

Tut Eltern und Verwandten und Waisen und Armen Gutes; sprecht mit den Leuten auf freundliche Weise.

2:83

Unser Nachbar hat jetzt extra Urlaub genommen, um einen der drei LKWs in das Erdbebengebiet zu fahren. Seit Wochen sammeln meine Nachbarn Decken, Kleidung, Medikamente und andere Dinge für diese Erdbebenopfer. Ihre Garage ist schon total voll.
Ich finde ...

Meine Mutter besucht regelmäßig unsere alte Nachbarin. Die freut sich sehr über ihren Besuch. Als meine Mutter ihr anfangs etwas zu essen mitgebracht hat, wollte sie zunächst nichts von dem „ausländischen Essen" haben. Doch mittlerweile schmeckt es ihr.
Ich glaube ...

- Vorbilder prägen unser Leben. Sicherlich hast du auch Vorbilder, die dir wichtig sind.
- Diskutiert darüber, wodurch jemand für euch zum Vorbild wird.
  Erstellt dazu eine Art „Anforderungskatalog".

Will ich das?

- Stellt in Gruppen auf Plakaten oder durch Collagen dar, welche Erwartungen an euch herangetragen werden: von Eltern, Geschwistern, Freundinnen und Freunden, Lehrkräften ... Wie steht ihr dazu?
- Erstelle eine eigene Werteskala und lege die Reihenfolge fest: Was ist dir besonders – mäßig – weniger wichtig? Tauscht euch darüber aus.

Stars on Tour

Über 100 Fans warteten bereits seit drei Uhr morgens in eisiger Kälte vor dem Hotel, um die Ankunft ihrer Lieblingsstars nicht zu verpassen. Ausgestattet mit Schlafsack, Decken und warmen Getränken fieberten sie der persönlichen Begegnung mit ihrem Idol entgegen. Als „Stars" schließlich gegen 10 Uhr eintrafen, jubelten ihnen mehr als viertausend Fans zu. Tina (13 Jahre) ist noch ganz high: „Mike hat mir einen langen Blick geschenkt, als ich ihm meinen Glücksteddy zugeworfen habe. Das lange Anstehen hat sich für mich gelohnt. Mike ist wirklich süß ...". Trotz Müdigkeit strahlt Tom (14): „So, wie Mike Gitarre spielt, ist es einfach cool. So ein Leben möchte ich auch haben."

Reporter: Mike, du bist inzwischen eine richtige Berühmtheit geworden. Fast überall auf der Welt kennt man dich und viele Mädchen himmeln dich an. Wie fühlst du dich, wenn du an deine Entwicklung von einem Schuljungen zum Superstar denkst?

Mike (16): Anfangs habe ich es cool gefunden, dass ich Fans hatte. Meine ersten Auftritte waren super. Endlich ohne meine Eltern, ohne Schule von Stadt zu Stadt ziehen. Da fühlte ich mich so erwachsen. Doch inzwischen geht mir das alles total auf die Nerven: ständig Konzerte, wo ich die Städte nur auf dem Weg vom Hotel zur Konzerthalle sehe, die kreischenden Fans sind überall gleich, immer wieder langweilige Interviews und Fotoshootings ... Ich weiß gar nicht mehr, wann ich das letzte Mal mit meinen Kumpels nur so vor der Eisdiele rumhing. Aber das ist ja jetzt nicht mehr möglich, seit ich berühmt bin. Ich kann ja nicht einmal ohne Leibwächter einkaufen gehen! Und die Säcke voller Briefe öffne ich schon lange nicht mehr. Ich komme mir manchmal vor wie in einem Glaskasten gefangen.

Reporter: Was würdest du dir wünschen, wenn du einen Wunsch frei hättest?

◆ Eine Million Fans und doch einsam ...

Ansichtssache

Amina: „Du Vati, heute ist etwas ganz Schreckliches in der Schule passiert. Mario und ich haben einen Verweis bekommen."

Vater: „Wieso denn das? Was ist denn passiert?"

Amina: „In der Klassenarbeit hat der Mario der Rahel neben sich leise ‚Gesundheit' gesagt und deshalb einen Verweis bekommen! Und ich habe ihn bekommen, weil ich für Mario Partei ergriffen habe. Das ist doch nicht in Ordnung!"

Vater: „Na Moment mal, woher weißt du denn, was er wirklich gesagt hat? Der Lehrer wird das schon richtig mitbekommen haben. Bestimmt wollte Mario irgendwas abgucken oder eine Lösung erfahren ...!"

Amina: „Quatsch, das würde er nie ..."

Vater: „Das wird der Lehrer schon richtig gesehen haben. Das geht uns nichts an!"

Amina: „Papa, Mario quasselt zwar sonst viel und will alles wissen, aber ich habe ihn noch nie abgucken sehen."

Vater: „Es gibt doch immer wieder welche, die andere ausnutzen und in den Tests Lösungen abgucken oder nachfragen. Aber so läuft das eben nicht! Erwischt ist erwischt!"

Amina: „Warum glaubst du mir denn nicht? Ich saß nur einen Meter davon entfernt und habe alles gehört und gesehen. Du sagst doch selbst immer, dass man sich gegen Ungerechtigkeiten wehren muss!"

Vater: „Es gibt manchmal Dinge, die man nicht richtig mitbekommt, selbst wenn man danebensteht. Ich denke, dass der Lehrer es schon richtig gemacht hat. Du siehst das eben anders."

LEBEN IST: geboren zu werden und zu sterben.
LEBEN IST: zuzuhören und zu fragen.
LEBEN IST: zu wissen und doch zu sagen: Ich weiß es nicht.
LEBEN IST: immer wieder ein Ziel zu erreichen und doch auf der Suche zu sein.
LEBEN IST: sich verloren zu fühlen und doch Vertrauen aufzubauen.
LEBEN IST: sich seiner Stärken bewusst zu sein und mit seinen Schwächen umgehen zu können.
LEBEN IST: sich selbst zu kennen und doch zu fragen: Wer bin ich?
LEBEN IST: sich anzunehmen, wie Gott ﷻ eine/n geschaffen hat, aber auch Veränderungen zuzulassen.
LEBEN IST: die eigene Mitte zu finden und doch oft genug unruhig zu sein.
LEBEN IST: in Beziehung zu treten – zu sich selbst.

Ute Jarallah

... Es ist zwar schwer, was man von den Leuten verlangt,
aber nicht für diejenigen, die von Gott ﷻ rechtgeleitet sind.
Gott ﷻ lässt nicht zu,
dass ihr umsonst geglaubt habt ...

2:143

- Die einen sehen in dem Bild ... – Die anderen sehen ... Schaut dazu auch auf Seite 35 im *Saphir* nach. Bringt die Wahrnehmungsbilder mit dem Vater-Tochter-Gespräch in Verbindung.
- Vielleicht kennst du die Gefühle, die das Gedicht oben ausdrückt. Was tust du, wenn du deinen Standpunkt finden möchtest?
- Der Weg durch ein Labyrinth führt zur Mitte. Wenn eine oder einer schon einmal durch ein Labyrinth und seine Umwege und Windungen gegangen ist, kann sie oder er davon erzählen. Vielleicht könnt ihr sogar auf dem Schulgelände ein Labyrinth anlegen?

Wege finden

Und wahrlich, WIR werden euch mit Furcht
prüfen sowie mit Hunger und Verlust an
Besitz und Menschenleben und Früchten.

2:155

O ihr, die ihr glaubt! Sucht Hilfe in Standhaftigkeit
und Gebet; siehe, Gott ﷻ ist mit den Standhaften.

2:153

Wer hilft mir?

Ich komm hier nicht raus!

Wie soll es weitergehen?

Gott ﷻ will mich prüfen!

Ich kann nicht mehr!

Beschütze mic

Irren ist menschlich

Einmal wunderte sich der Gesandteﷺ darüber, dass die Dattelpalmen von den Bauern mit der Hand bestäubt wurden. Auf die Frage, warum sie das täten, erklärten sie ihm, dass die Bienen allein gar nicht so viele Blüten bestäuben könnten und man daher mit der Hand nachhelfe. Muhammadﷺ gab den Bauern den Auftrag, dies zu unterlassen; die Natur solle sich schon selber helfen. Die Bauern taten, wie ihnen gesagt wurde.
Die anschließende Ernte war schlecht und die Leute waren enttäuscht. Sie suchten den Gesandtenﷺ auf, der sich für seine landwirtschaftlichen Tipps entschuldigte. Er erklärte, dass er nur seine eigene Meinung geäußert hätte und keine Offenbarung.
Muhammadﷺ fügte hinzu, dass die Leute nur in religiösen Belangen auf ihn hören sollten.

- Folgendes Spiel kann euch helfen, die Situation nachzuempfinden, die das Bild links anspricht.
  Stellt euch als Gruppe auf und bittet eine Person in die Mitte des Kreises. Sie soll in der Hocke und mit geschlossenen Augen die Sätze aus der Tiefe betont sprechen. Wie fühlt man sich im Kreis – allein und ohne Antwort?
  Alle Gruppenmitglieder sagen der Person in der Tiefe nun die Sätze aus dem Licht von oben. Wer könnte mit „WIR" gemeint sein?
  Spielt die Situation mehrfach nach. Lasst die Personen, die in der Mitte saßen, erzählen, was sie fühlten.
- Schreib einen Brief an eine Mitschülerin oder einen Mitschüler deiner Klasse, indem du ihr oder ihm Mut machst und davon erzählst, wie du schwierige Momente bewältigt hast. Die qur'ānischen Verse können dir bei dem Brief helfen.
- Vorbilder sollten nicht vergöttert werden, denn auch sie sind Menschen und können sich einmal irren ...
- Der Gesandteﷺ hat erklärt, dass man sich seine Freunde mit Bedacht aussuchen sollte, denn Sprache, Verhalten und Umgang mit Essen der Freunde und Vorbilder „färben" auf die eigene Person ab. Diskutiert darüber.

Starke Typen

ᶜUmar
gerecht und konsequent

عُمَر

Abu Bakr
Bewahrer der Einheit
der Gemeinschaft

أَبُو بَكْرٍ

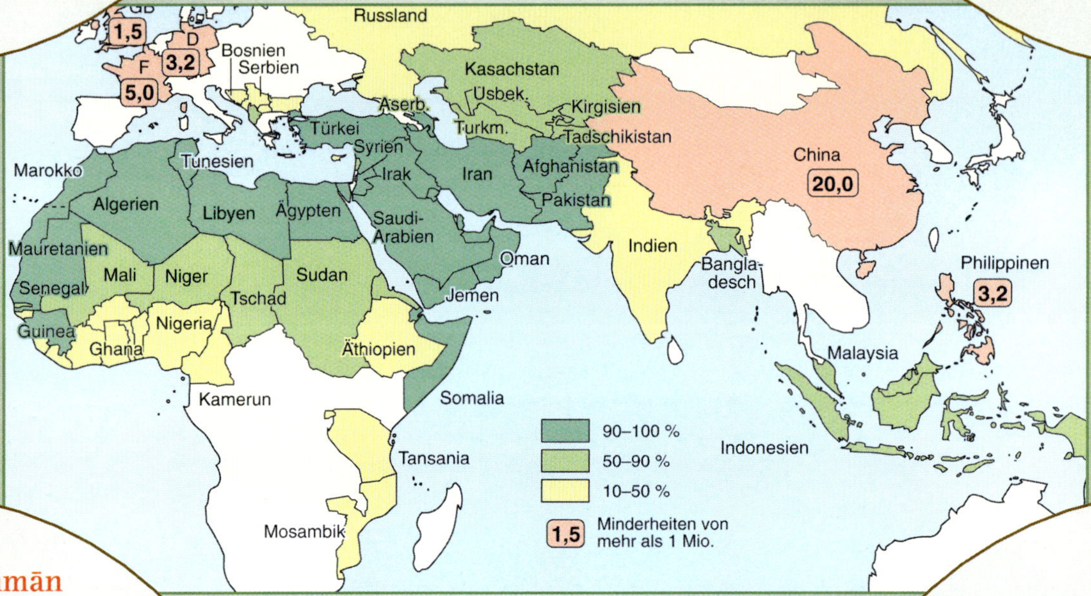

ᶜUthmān
Sammler des
Qur'āns

عُثْمَان

ᶜAlī
Der weise
Richter

عَلِيّ

- Die Namen der ersten vier Kalifen sind häufig in den Moscheen zu lesen. Erkundigt euch, was die Kalligrafien bedeuten.
- Was ist ein Kalif (*khalīfa*)?
- Die Landkarte zeigt die heutige Ausbreitung des Islams. Zeigt mit der Rückseite eines Bleistifts, wo Mekka liegt.

Starke Frauen

Balqis

In 27:22-44 wird von der Königin von Saba und ihrer Begegnung mit König Salomo berichtet. Sie wird auch Balqis oder Bilkis genannt, auch der Name Aziz leitet sich von ihr ab. Sie wurde wegen ihres Reichtums und ihrer Weisheit sehr geschätzt. Sie soll den Samen des Weihrauchbaums ins Land Palästina gebracht haben, und die ausgestorbene Jemen-Gazelle ist nach ihr benannt (*Gazella bilkis*). Die Herrscher des Landes Äthiopien bezeichnen sich als Nachkommen der Königin.

Die Frau des Pharaos, Āsya

Asias Herz war voller Sorge: Ihr Gatte war der mächtige Herrscher über Ägypten, aber er behandelte die Menschen rücksichtslos. In der Nacht verließ sie den Palast und begab sich ans Ufer des Nils. Dort betete sie zu Gott:

Sie sprach: „O mein Herr! Baue mir ein Haus bei dir im Paradies und rette mich vor Pharao und seinem Betragen, und rette mich vor dem Volk der Übeltäter.“ *66:11*

Mariam

Sie glaubte fest an Gott und die Botschaft, dass sie einen Sohn empfangen wird. Einsamkeit, Verleumdung und Schmerzen hielt sie aus, im Glauben an Gott und die Einzigartigkeit ihres Sohnes.

- Was hat diese Frauen aus dem Qur'ān „stark" gemacht?
- Findet für jede der drei Frauen zwei Eigenschaften.
- Sucht nach Frauen in eurer näheren Umgebung oder in den Medien, die euch beeindrucken und ein Vorbild sein könnten.

Kinder als Vorbilder

Yūsuf – der nicht aufgibt (12)
ᶜIsā – die Mutter verteidigend (19:30-33)
Ismāᶜīl – der vertraut (37:02)
Yahyā – Gott ﷻ war gnädig (19:5-15)
Mariam – gewünscht und auserwählt (3:35)
ᶜĀ'ischa – Zeugin der Zeit (Bukhārī und Ibn Ishāq)

- Vorbilder können dir helfen, deine Gaben, die Gott ﷻ dir geschenkt hat, zu nutzen. Haben sich im Laufe des Kapitels eure Vorbilder verändert?
- Einige der Kinder, die auf dieser Seite genannt werden, tragen im Qur'ān Beinamen. Schlagt die Verse nach.

„Folgt Gott ﷻ und SEINEM Gesandtenﷺ ...“

8:20

Gottﷻ empfiehlt den Menschen, wie sie leben sollen. SEIN Gesandter Muhammadﷺ ist ein gutes Beispiel, dem man folgen sollte.

أَطِيعُوا۟ ٱللَّهَ وَرَسُولَهُۥ

Wege zum Glück

9 Qur'ān ... hier entlang!

Auf dem richtigen Weg?

Diejenigen, die sich um UNS mühen, die werden WIR unsere Wege führen. Gott ist mit denen, die das Gute tun.

29:69

Muhammad sagte: „Gott sagt: Ich halte für MEINE Diener bereit, was noch kein Auge gesehen, was noch kein Ohr gehört und was sich noch kein Mensch vorgestellt hat." Dann wies er auf den Qur'ānvers 32:17 hin.

Sammlung Bukhārī

Würde der Mensch doch den steilen Weg erklimmen. Was der steile Weg ist? Die Befreiung eines Unfreien; eine Waise am Tag des Hungers speisen oder den Armen, der im Staub liegt; und zu denen zu gehören, die glauben und die einander zu Geduld und zur Barmherzigkeit rufen.

90:11–17

Muhammad sagte: „Ich bin zu den Menschen mit heller und dunkler Hautfarbe entsandt."

Sammlung Ahmad

Dieser Qur'ān ist nicht aus der Luft gegriffen, sondern von Gott ... Daran ist kein Zweifel – vom Herrn der Welten. 10:37

Der Qur'ān soll dich nicht unglücklich machen. 25:2

„Die besten Worte sind das Buch Gottes, und die beste Führung ist die Führung Muhammads."
Sammlung Muslim

Der Qur'ān führt zu dem, was richtig ist, und verkündet denen, die glauben: Die das Gute tun, auf die wartet großer Lohn. 17:9

Verrichtet das Gebet und reinigt euer Vermögen durch die Pflichtabgabe *(sakā)*. Was ihr für euch an Gutem vorausschickt, das werdet ihr bei Gott wiederfinden. 2:110

- Sich in seinem Leben zu orientieren, wird in vielen Religionen mit dem Bild des Weges umschrieben. Beschreibt den Weg mit seinen Stationen und Wegweisern.
- Wenn du an dein eigenes Leben denkst: Welche Richtungen hat es genommen? Welchen Wegweisern bist du begegnet? Wie würdest du für dich selbst das Ziel deines Lebensweges beschreiben? Vielleicht willst du dazu etwas malen ...
- Welcher Vers der ersten Sure des Qur'āns passt hier? Schaut nach auf Seite 53!
- „Muslim zu sein ist manchmal so, als müsste man in einem Fluss gegen die Strömung schwimmen." Was könnte derjenige, der diesen Satz geprägt hat, damit gemeint haben?

Den eigenen Weg finden

Im neunten Jahr nach der Hidschra waren auch im Jemen viele Menschen Muslime geworden. Sie hatten den Gesandten Gottes darum gebeten, ihnen einen Lehrer zu schicken, der sie in der islamischen Religion und Lebensweise unterrichten sollte. Die Wahl fiel auf einen jungen Mann namens Mu^{c}ādh ibn Dschabal. Vor der Abreise fragte Muhammad ihn:
„Mu^{c}ādh, wie wirst du vorgehen, wenn es Fragen oder Probleme gibt?“
Er antwortete: „Ich urteile nach dem, was im Qur'ān steht.“
Muhammad fragte: „Und wenn es nicht dort steht?“
Er antwortete: „Dann nach deinem Beispiel.“
Muhammad ließ nicht locker: „Und wenn es für eine Sache kein Beispiel von mir gibt?“
Mu^{c}ādh erwiderte: „Dann nach meinem eigenen Urteil.“
Da rief Muhammad zufrieden aus: „Gepriesen sei Gott, der diesem Boten des Gesandten Erfolg beschieden hat!“
Dann ermahnte er ihn, es den Leuten im Jemen leicht zu machen, als Muslime zu leben, und sie nicht durch Strenge abzuschrecken.

Sammlung Ahmad

- Bildet Gruppen und wählt eine der Karten aus – hinter jeder kann sich ein Problem oder eine Streitfrage verbergen. Wie würdet ihr heute antworten?
- Sicher habt ihr eure eigene Meinung zu Fragen von Gummibärchen, Schwimmunterricht, Berufswahl oder anderen Themen. Formuliert und begründet sie kurz auf einem Blockblatt. Vertretet eure Meinung vor der Lerngruppe und stellt euch der Diskussion. Dazu müsst ihr zwei Beobachterinnen oder Beobachter wählen, die nicht mitdiskutieren dürfen. Sie sollen alle Diskussionsbeiträge daraufhin prüfen, ob sie nur die persönliche Meinung darstellen oder ob sie auch Argumente liefern. Achtung – das ist nur eine Übung, also ruhig bleiben!

Paul Klee, 1929

◆ Auf dem Bild von Paul Klee kannst du verschiedene Wege erkennen. Worin unterscheiden sie sich voneinander? Welcher dieser Wege passt zu deiner persönlichen Vorstellung vom Lebensweg?

Dem Qur'ān folgen

Auf der Seite 62 im *Saphir* findet ihr einige Information über die erste Begegnung zwischen Muhammadﷺ, dem Gesandten Gottesﷻ, und dem Engel Gabriel (*Dschibrīl*). Gabriel überbrachte Muhammadﷺ den Qur'ān nicht auf einmal, sondern abschnittweise. Muhammadﷺ und die Leute seiner Zeit nahmen besonders dann neu überbrachte Abschnitte des Qur'āns ernst, wenn diese eine Veränderung ihrer bisherigen Lebensweise bedeuteten – zum Beispiel auf Alkohol zu verzichten, sich an die Gebete zu halten oder Respekt auch gegenüber Schwächeren zu üben. Sie brauchten Zeit, um sich daran zu gewöhnen, oder – wie es der Qur'ān in 25:32 ausdrückt – um das Herz und die innere Einstellung zu festigen.
Die Muslime haben sich gemeinsam mit ihrer Religion, dem Islam, über diesen Zeitraum hinweg schrittweise entwickelt, bis nach 23 Jahren der Engel Gabriel mit der letzten Botschaft von Gottﷻ kam. Da war der Qur'ān fertig. Bald darauf starb Muhammadﷺ.
Später wurde der Qur'ān aufgeschrieben. Es sollte nichts verlorengehen oder mit anderen Aussagen des Gesandtenﷺ vermischt werden. Es blieb aber weiterhin wichtig, den Qur'ān mündlich rezitieren zu können.

Der Qur'ān enthält viele unterschiedliche Arten von Texten. Besonders wichtig sind:

- Geschichten von früheren Völkern und Gesandten Gottesﷻ
- Aussagen über die Natur der Menschen
- Hinweise darauf, wer Gottﷻ ist und was ER von den Menschen will
- Antworten auf wichtige Fragen des Menschseins, zum Beispiel:
  Woher kommen wir?
  Warum gibt es das Leben?
  Was erwartet uns nach dem Tod?
- Ratschläge für die Lebensführung
- Hilfen für den Menschen, den Glauben an Gottﷻ zu entdecken
- Anleitungen, den Qur'ān besser zu verstehen
- Gebetstexte

- Die meisten Menschen damals in Mekka konnten nicht lesen und nicht schreiben. Stellt euch vor, ihr hättet mit ihnen gelebt. Ihr könntet nicht lesen und nicht verstehen, was Gottﷻ offenbarte. Wen hättet ihr um Hilfe gebeten und warum?
- Hier ein Beispiel für Qur'ānverse als Anleitung zu ihrem besseren Verständnis – ihr könnt selbst nachschlagen: Die Verse 17:105-111 erklären euch, warum der Qur'ān nicht auf einmal, sondern in Abschnitten überbracht wurde.
- Auf den Seiten 102 und 103 im *Saphir* findet ihr noch mehr über die Bedeutung Muhammadsﷺ und des Qur'āns.
- Schaut euch zu wichtigen Fragen des Menschseins auch noch einmal die Seite 16 im *Saphir* an.

Der Aufbau von Qur'ānseiten

Auf Seite 53 im *Saphir* findest du das erste Kapitel des Qur'āns, die Sure mit dem Namen „Fātiha". Sie hat sieben Verse. In vielen Ausgaben des Qur'āns ist das eine besonders schön gestaltete Schmuckseite. Oft ist auch der Anfang der zweiten Sure noch als Schmuckseite gestaltet:

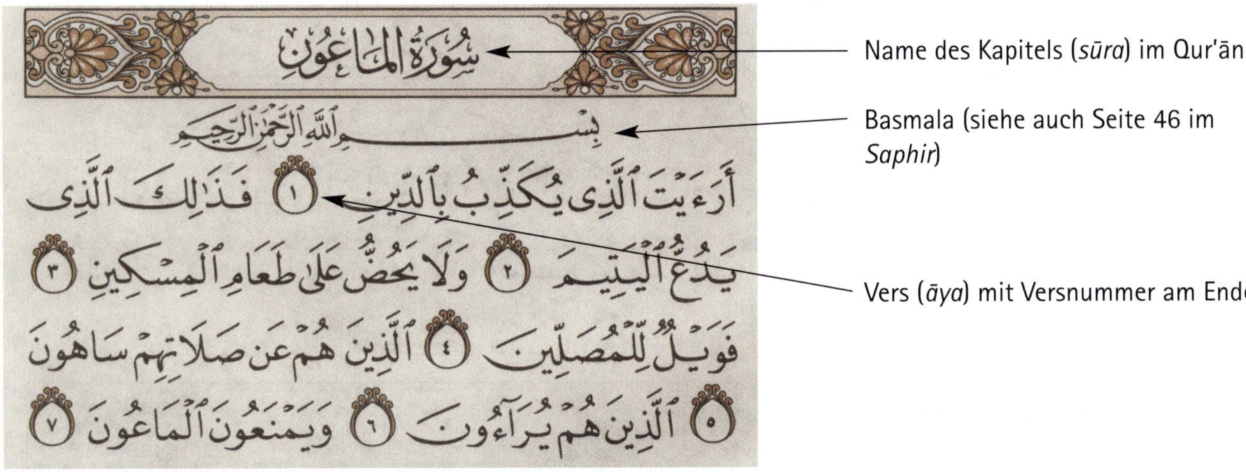

Diese beiden Ausschnitte mit deutscher Übersetzung sind mitten aus anderen Suren entnommen. Sie sind nicht künstlerisch ausgestaltet, weil das beim Lesen ablenken würde. Die Basmala findest du, indem du in einem Qur'ān diese Ausschnitte suchst und dann zurückblätterst, bis zum Anfang der Suren. Aber Vorsicht: Das mit „vorwärts" und „rückwärts" ist so eine Sache beim arabischen Qur'ān!

Ihr Menschen, esst von dem, was es auf der Erde gibt, sofern es erlaubt und gut ist ...
يأيها الناس كلوا مما في الأرض حلالاً طيباً
yā ayyuhan-nāsu kulū mimmā fil-ardi halālan tayyiban ...

2:168

Hätten WIR diesen Koran auf einen Berg hinabgesandt,
لو انزلنا هاذ القرآن على جبلٍ
lau ansalnā hādhal-qur'āna ʿalā dschabalin

dann hättest du gesehen, wie er aus Furcht vor Gott ﷻ und in Demut innehält und sich spaltet.
لرأيته خاشعاً متصدعاً من خشية الله
lara'aitahu khāschiʿan mutasaddiʿan min khaschiyatil-lāh

Diese Gleichnisse führen WIR für die Menschen auf, damit sie darüber nachdenken.
و تلك الأمثال نضربها للناس لعلهم يتفكرون
wa tilkal-amthālu nadribuhā lin-nāsi laʿallahum yatafakkarūn

59:21

- Auf dieser Seite sind einige Ausschnitte aus dem Qur'ān erwähnt oder abgebildet. Überlegt in der Gruppe, zu welcher der auf Seite 106 genannten Textarten die Ausschnitte jeweils passen (mehrfache Zuordnung ist möglich).
- Schaut zu Hause nach, ob ihr Qur'ānausgaben habt, in denen die Fātiha-Seite schön gestaltet ist. Vielleicht dürft ihr diesen Qur'ān auch einmal mit in die Schule bringen, um ihn zu zeigen.
- Mit unterschiedlichen Qur'ānausgaben – auch die mit Übersetzungen in andere Sprachen – könnt ihr eine Ausstellung zusammentragen, die auch für Eltern und Schülerinnen und Schüler der anderen Klassen interessant ist.
- Aus den Informationen dieses Kapitels könnt ihr zusätzlich eine Info-Wand herstellen, die das Wichtigste enthält, was man über den Qur'ān wissen sollte.

Hadīthe kennenlernen …

Auf den Seiten 72 und 73 findet ihr viele Beispiele für Prophetenworte, sogenannte Hadīthe. Das arabische Wort *hadīth* bedeutet soviel wie „Nachricht, Neuigkeit, Hinweis". Gemeint sind hiermit Dinge, die Muhammad gesagt oder getan hat, aber auch, wie er ausgesehen hat, mit wem er worüber gesprochen hat, warum er gelacht oder geweint hat …

Hadīthe bestehen aus kurzen Sätzen und kleineren Geschichten, die nicht im Qur'ān stehen. Sie beruhen auf Berichten von Augen- und Ohrenzeugen, die zur Zeit Muhammads lebten. Diese Zeugen werden oft in einer Art Kopfzeile miterwähnt, die man auf Arabisch *isnād* nennt. Durch das Lesen von Hadīthen lernt man also die Namen vieler Zeitzeuginnen und Zeitzeugen Muhammads kennen.

Am Ende eines Hadīth steht noch, aus welcher Quelle er stammt. Das ist wichtig, denn es gibt zwar nur einen Qur'ān, aber eine Reihe verschiedener Hadīthbücher – sogenannte Sammlungen. Hier ein Beispiel – diesen Berichterstatter kennt ihr schon von Seite 104 im *Saphir*:

> Von Muᶜādh ibn Dschabal wird berichtet,
> er habe Muhammad sagen hören:
> „Habe Ehrfurcht vor Gott,
> wo immer du bist.
> Hast du eine böse Tat begangen,
> dann lasse ihr eine gute folgen,
> um sie damit auszulöschen.
> Zeige den Menschen dein gutes Wesen."
>
> *Sammlung Tirmidhī*

Hadīthe behandeln aber nicht nur solche Fragen des Glaubens, sondern auch andere grundsätzliche Fragen; in diesem Beispiel ist der Zeuge übrigens etwa in eurem Alter gewesen:

> Anās berichtet,
> er habe Muhammad sagen hören:
> „Nach Wissen zu suchen,
> ist Pflicht für jeden Muslim –
> Mann und Frau!"
>
> *Sammlung Baihaqī*

Manchmal geht es in Hadīthen aber auch um alltägliche Dinge. Hier ist die Berichterstatterin ᶜĀ'ischa – die Tochter Abu Bakrs; Muhammad hatte sie nach dem Tod seiner ersten Ehefrau Khadīdscha (siehe auch Seite 70) geheiratet:

> ᶜĀ'ischa berichtet von Muhammad,
> dass er Geschenke annahm und
> sie gerne erwiderte.
>
> *Sammlung Bukhārī*

... und verstehen

ʿĀ'ischa, die junge Gattin Muhammadsﷺ, hat ihren Mann einmal als den „wandelnden Qur'ān" bezeichnet. Damit unterstrich sie die Bedeutung Muhammadsﷺ für die frühe muslimische Gemeinschaft: Er machte vor, wie die Botschaft von Gottﷻ im täglichen Leben angewendet wird. Durch Muhammadﷺ wurde der Islam nicht nur zu einer Religion, sondern auch zu einer Lebensweise. Sie entwickelte sich nach und nach zur Lebenskultur der muslimischen Gemeinschaft.

Man braucht Hadīthe auch dazu, den Qur'ān besser zu verstehen. Am Beispiel des Gebets wird besonders deutlich, wie der Qur'ān und viele Hadīthe zusammengehören.

Auf den Seiten 50 und 51 im *Saphir* habt ihr etwas über die fünf Gebetszeiten erfahren. Die stehen aber so nicht im Qur'ān; denn im Qur'ān geht es eher um allgemeine Aussagen, zum Beispiel:

> Preis sei Gottﷻ, wenn der Abend
> und der Morgen kommt.
> Gelobt sei Gottﷻ in den Himmeln
> und auf der Erde,
> am Abend und am Mittag.
>
> *30:17-18*

> ... vor dem Aufgang der Sonne
> und vor ihrem Untergang ...
> und zu verschiedenen Nachtzeiten
> und an den Enden des Tages ...
>
> *20:130*

Ähnliches gilt für die Bewegungsabläufe während des Gebets. Der Qur'ān verrät nicht viel mehr als „zu stehen", „sich zu beugen" und „den Boden zu berühren". Trotzdem wissen weltweit über eine Milliarde Muslime genau, wann und wie sie ihre fünf Gebetszeiten einhalten sollen. Das ist durch Hadīthe wie diesen zu erklären:

> ʿĀ'ischa berichtet über Muhammadﷺ,
> er habe immer darauf geachtet,
> vor dem Mittagsgebet freiwillig
> vier Gebetseinheiten zu beten
> und vor dem Frühgebet zwei.
>
> *Sammlung Bukhārī*

- Isst du mit der rechten und nicht mit der linken Hand? Gibst du beim Gruß die rechte Hand? Ruhst du dich nach dem Essen kurz aus? Ziehst du die Schuhe aus, bevor du die Wohnung betrittst? Du findest Dinge in deinem täglichen Leben, die du tust, ohne lange darüber nachzudenken, weil du so erzogen und daran gewöhnt bist. Sie beruhen auf Hadīthen. Befrage doch einmal Familienangehörige, Freunde und Bekannte, welche Rolle bestimmte Regeln aus den Hadīthen in ihrem Leben spielen.

Richtungsweisend

Der Qur'ān ist eine Erinnerung.
74:54

Sei in der Welt wie einer, der einen Weg zurücklegt.
Sammlung Bukhārī

Gottﷻ überfordert euch nicht.
65:7

Dies ist eine Erinnerung. Wer nun will, schlägt einen Weg zu seinem Gottﷻ ein.
73:19

Kein Zwang in der Religion!
2:256

- Du findest Situationen in deinem Alltag, in denen dir Gebote und Verbote begegnen. Suche dazu passende „Verkehrsschilder". Es gibt Gefahrzeichen, Vorschriftzeichen, Richtzeichen ...
- Natürlich sind Musliminnen und Muslimen auch viele Dinge erlaubt! Erstellt hierzu ein Plakat für eure Klasse.
- Schaut noch einmal auf den Seiten 102 und 103 im *Saphir* nach und lest im Lexikon das Stichwort Erlaubtes.

Wenn alle Bäume auf der Erde Schreibrohre und alle Meere Tinte wären und es weitere sieben Ozeane gäbe, würden die Worte Gottesﷻ niemals zu Ende gehen. Gottﷻ hat wirklich die Macht zu allem und weiß alle Dinge.

31:27

وَلَوْ أَنَّمَا فِى
ٱلْأَرْضِ مِن شَجَرَةٍ أَقْلَٰمٌ
وَٱلْبَحْرُ يَمُدُّهُۥ مِنۢ بَعْدِهِۦ سَبْعَةُ
أَبْحُرٍ مَّا نَفِدَتْ كَلِمَٰتُ ٱللَّهِ
إِنَّ ٱللَّهَ عَزِيزٌ حَكِيمٌ ۝

Wenn aus allen Bäumen der Erde Bleistifte gemacht würden und alle Ozeane voller Tinte wären, selbst dann könnten nicht alle Worte Gottesﷻ aufgeschrieben werden.

Don't panic – it's islamic!

10 Viele Bücher – auf ein Wort!

„Lies!“

اِقْرَأْ

al-furqān
die Unterscheidung
الفرقان

al-huda
die Rechtleitung
الهدى

an-nūr
das Licht
النور

al-kitāb
die Schrift
الكتاب

ar-rūh
der Geist
الروح

adh-dhikr
die Ermahnung
الذكر

al-haqq
die Wahrheit
الحق

al-bayān
die Klärung
البيان

Ich grüße euch mit „as-salāmu ᶜalaikum", dem islamischen Friedensgruß!
Viele Menschen kennen zwar meinen Namen, aber sie wissen nicht, was wirklich in mir steckt. Könnte aber sein, dass ihr mich besser kennt ...
Ich bin schon ziemlich lange auf der Erde und doch jeden Tag wieder jung. Einige halten mich für total veraltet, andere für sehr modern.
Habt ihr schon eine Idee, wer ich sein könnte?
Falls nicht – hier noch eine Hilfe: Ich kann Menschen helfen, ihren Lebensweg zu gehen. Ich kann ihnen dabei helfen, Gottﷻ zu finden – schließlich stamme ich ja von IHM. Ich beantworte Fragen, werfe aber auch Fragen auf. Mein Job besteht darin, die Menschen an wichtige Dinge zu erinnern. Eigentlich wissen sie die schon, vergessen sie aber gerne.
Zuerst hat mich nur einer gehört, und der hat mich dann weitererzählt. Alles begann mit der Aufforderung zu lesen. Ich kann nur helfen, wenn man mir zuhört. Einige Menschen sind nicht zufrieden mit mir, andere sind es – ich bin halt so, wie ich bin.

Übrigens: Derjenige, der mich zuerst gehört hat, riet seinen Mitmenschen, mich nicht als Kopfkissen zu benutzen!
Nun ... Wer bin ich?

rezitieren

studieren

lesen

untersuchen

vorlesen

erforschen

durchlesen

durcharbeiten

قرأ

qara'a

der Vorgelesene

القرآن

al-Qur'ān

der Gelesene

Gottes Wort nachgehen

Jedes Jahr im Monat Ramadān zog sich Muhammad in die Abgeschiedenheit zurück. Er bestieg einen Berg bei Mekka, der heute „Berg des Lichts" (*dschabal an-nūr*) heißt. Knapp unterhalb seines abgeflachten Gipfels befindet sich die schmale Nische im Fels, die „Hīrā" genannt wird. Man kann sie heute noch besuchen, wenn man sich in Mekka aufhält. Es ist allerdings ganz schön anstrengend, dort in der Hitze hinaufzuklettern!

Muhammad war mit der Situation in Mekka unzufrieden. Die Leute seiner Stadt unterdrückten die Frauen, die Armen und die Schwachen am Rande der Gesellschaft, sie waren nur auf Gewinn aus, sie waren sehr stolz und reagierten auf gute Ratschläge mit schroffer Zurückweisung. Muhammad war zwar beliebt und genoss hohes Ansehen unter den Mekkanern. Aber sie duldeten es nicht, wenn er sich einmischte und die Mächtigen der Stadt zu Mäßigung und Gerechtigkeit aufrief.

Es war in einer jener Nächte, in der Muhammad in der Felsennische saß, etwa in der Nacht zum 27. Ramadān und ziemlich genau zehn Jahre, bevor mit der Auswanderung die islamische Zeitrechnung beginnen würde. Muhammad war um die vierzig Jahre alt, sein größtes Glück lag in seiner Ehe mit Khadīdscha, die er fünfzehn Jahre zuvor geheiratet hatte. Der zehnjährige ʿAlī, Sohn seines Onkels Abu Tālib, lebte in ihrem Haushalt.

- Der Qur'ān ist die Offenbarungsschrift der Muslime. Für die Muslime ist er das Wort Gottes an alle Menschen. Ihr könnt durch eine kleine Umfrage (an der Schule, in eurem Freundeskreis) herausfinden, was die Leute über den Qur'ān denken: „Was steht deiner/Ihrer Meinung nach im Qur'ān?" oder „Welche Bedeutung hat der Qur'ān für dich/für Sie?" Ihr solltet euch bei der Zusammenstellung eurer Fragen helfen lassen.
- Überlegt euch, wie ihr das Ergebnis der Klasse am besten präsentieren könnt.
- Schaut auch auf den Seiten 62 und 106 im *Saphir* nach!

„Lies!", dröhnte es plötzlich in Muhammads* Ohren, dazu dieses seltsame Klingeln. Er blickte erschrocken auf. „Lies!", kam es wieder aus der Dunkelheit. Muhammad* konnte niemanden erkennen, aber er fühlte, wie etwas seine Brust umschloss. Er wusste nicht, was er lesen sollte, er konnte gar nicht lesen. Der Druck nahm zu. Muhammad* hatte das Gefühl, im nächsten Augenblick zu ersticken.
„Lies!"
Langsam nahm er eine Gestalt wahr. Sie schien eine Art Tuch vor ihm hochzuhalten.

Und dann sagte die Gestalt noch etwas.
„Was?", fragte Khadīdscha später ihren Mann, als er nach Hause zurückgekehrt war. So hatte sie ihn noch nie erlebt: voller Angst, zitternd und schweißgebadet. Er hatte sie gebeten, ihn in Decken einzuhüllen.
„Ich glaube, ich bin verrückt geworden!", keuchte er. Aber Khadīdscha ging auf ihn ein. „Nein, Muhammad*, du bist der vernünftigste Mann, den ich kenne. Sag, was hat die Gestalt noch gesagt?" Muhammad* antwortete ihr nur zögernd. „Du bist der Gesandte Gottes*, und ich bin Gabriel."

„Lies im Namen deines Herrn,
der erschuf.
ER schuf den Menschen aus einem Embryo.
Lies! Und dein Herr ist der Edelste,
der mit dem Schreibrohr lehrte.
ER lehrte den Menschen,
was er nicht wusste."

Lesen – verstehen – handeln

Hallo …? Ali, bist du's? Hier spricht Murat. Hey, Sefket ist bei mir. Er sagt, sein Bruder hat deine Schwester in der Stadt gesehen, wie sie …

Ich kann meine Eltern nicht mehr hören! Tu dies! Tu das! Nie fragen sie mich …

Simon hat mich nach der Schule zu sich nach Hause eingeladen. Aber heute ist Freitag. Eigentlich wollte ich …

Klar, die DVD gehört Kevin. Aber ich behaupte einfach, dass …

Allah erlaubt im Qur'ān, Kinder zu schlagen, wenn sie nicht gehorchen, hat Fundas Vater gesagt …

Wenn es am Samstag regnet, kann unser Fußballspiel nicht stattfinden. Peter meint, wenn wir den Wettergott …

Wieso soll ich mich bei Michael entschuldigen? Er ist bloß ein Deutscher …

- Ihr kennt ähnliche Situationen. Wie gehen die Gespräche und Gedanken weiter? Vergleicht mit den Texten im *Saphir* auf Seite 117.
- Was sagt der Qur'ān über andere von Gott gesandte Schriften? Schlagt nach in 3:3.

Qur'ān

Setze neben Gott keinen anderen Gott.

17:22

... und behandelt eure Eltern gut.

17:23

Wenn zum Freitagsgebet gerufen wird, dann geht schnell hin, um an Gott zu denken, und stellt die Geschäfte ein. Und wenn das Gebet beendet ist, dann geht wieder auseinander.

62:9-10

Und wer ist ungerechter als der, der eine Lüge gegen Gott erdichtet?

11:18

Und tötet keinen Menschen ...

17:33

Und rede nicht von Dingen, von denen du keine Ahnung hast.

17:36

Betrügt euch nicht gegenseitig.

4:29

Nähert euch nicht dem Ehebruch.

17:32

Und seid nicht neidisch auf das, was Gott den anderen gegeben hat.

4:32

Gott bewahre mich vor dem Neider!

113:5

Die Zehn Gebote

Ich bin Jahwe, dein Gott.
Ich habe dich aus Ägypten,
aus dem Sklavenhaus,
herausgeführt.

1. Du wirst deshalb keine anderen Götter neben mir haben.
2. Du wirst den Namen deines Gottes nicht missbrauchen.
3. Du wirst den Feiertag heilighalten.

4. Du wirst Vater und Mutter ehren, sodass du lange lebst in dem Land, das dein Gott dir gab.
5. Du wirst nicht morden.
6. Du wirst nicht die Ehe brechen.
7. Du wirst nicht stehlen.
8. Du wirst nicht falsch aussagen gegen deinen Nächsten.
9. Du wirst nicht verlangen nach der Frau deines Nächsten.
10. Du wirst nicht verlangen nach dem, was deinem Nächsten gehört.

Zu jeder Zeit – für alle Menschen

Neue Synagoge, Berlin

Das Wort Tora stammt aus der hebräischen Sprache und bedeutet „Lehre". Die Tora ist eine göttliche Offenbarungsschrift, die von Gott dem Propheten Mose gegeben wurde. Die Tora ist die heilige Schrift der Juden. Sie stellt den ersten Teil der Hebräischen Bibel dar und enthält 613 Weisungen für ein gutes Leben. Die Tora verbietet u.a. Lügen, Betrügen, Stehlen und Morden. Außerdem enthält sie Regeln, die den Alltag der Jüdinnen und Juden betreffen. Dazu gehören auch Speisevorschriften.

Petersdom, Rom

Das Wort Evangelium ist griechisch-lateinischen Ursprungs und bedeutet „gute Botschaft". In den Evangelien wird erzählt und gedeutet, wie Jesus gelebt und gehandelt hat, zum Heil der Menschen. Die vier Evangelien stellen einen Teil des Neuen Testaments dar. Der erste Teil der Bibel wird das Alte Testament genannt. Das Alte Testament und das Neue Testament zusammen nennen die Christen die Bibel.

Blaue Moschee, Istanbul

Das Wort Qur'ān kommt aus der arabischen Sprache und bedeutet „Vorlesen" oder auch „Lesung". Qur'ān ist der Name der Schrift, die Gott innerhalb von 23 Jahren als abschließende Schrift dem Gesandten Muhammad durch den Erzengel Gabriel offenbart hat. Der Qur'ān ist in arabischer Sprache aufgeschrieben worden und hat 114 Suren.

- Einer der Texte steht im Qur'ān, zwei stehen in der Bibel. Ordnet die Texte zu und begründet eure Entscheidung.
- Sucht weitere Fotos von Andachtsorten der „großen" Religionen. Was drückt sich in der Form und Gestaltung der Gebäude aus?

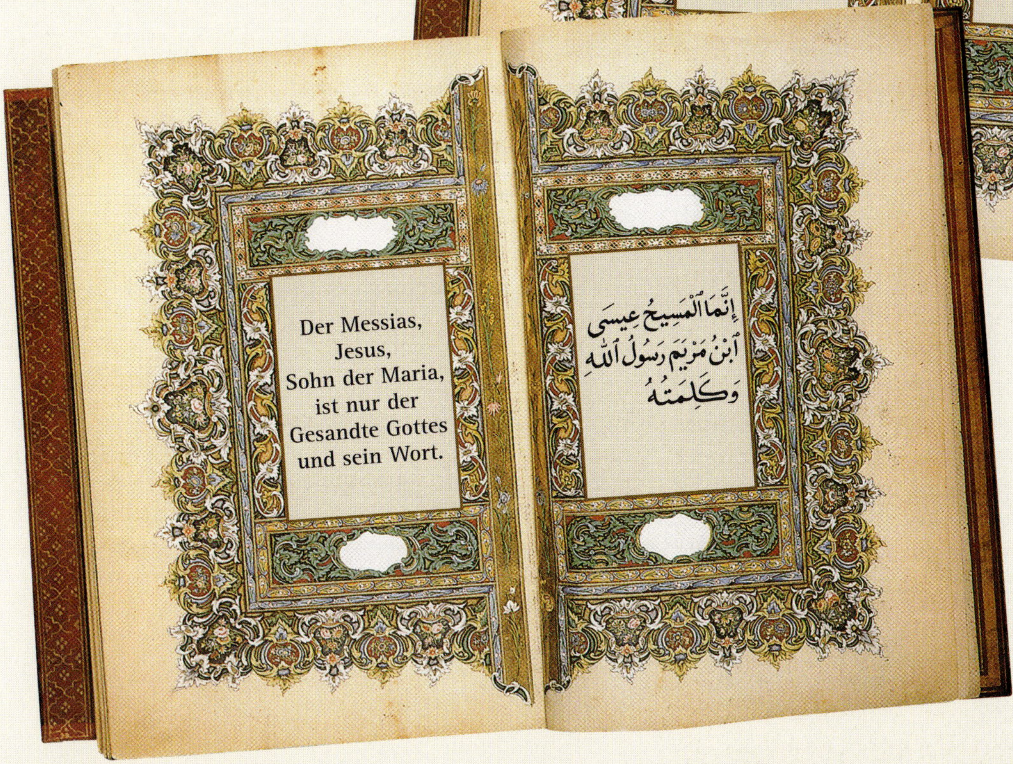

Das Wort ist schön!

„ER lehrte die Menschen mit dem Schreibrohr."

Schreib- und Kalligrafie-Material selbst herstellen

Schreibflüssigkeit	Tinte statt Tusche (klebt nicht so), verdünnte Tempera-Pigmente (in der Tube oder im Glas)
Träger	ein stärkeres Papier (120 Gramm), Packpapier eignet sich übrigens auch
Schreibgerät	ein Stück schmale Holzleiste oder ein Schreibrohr (Schilf, Bambus ...) aus dem Bastelladen (Federkiele brechen leicht und sind – wie Bandzugfedern aus Stahl – eher für die geübte Hand geeignet)

Die arabischen Texte auf den 15 Anfangsseiten der Kapitel im *Saphir* sind in einer besonderen Schrift geschrieben. Die Kunst der Schönschrift wird „Kalligrafie" genannt.
Um arabische Buchstaben so schön schreiben zu können, wird ein wenig Material benötigt: ein Schreibgerät, eine Schreibflüssigkeit und ein Trägermaterial. Manches ist dabei noch so wie früher, anderes ist moderner geworden. Zwar gibt es heute Stahlfedern, Tinte und Papier statt Schilfrohr, Tuschlacke und Pergament, aber auch mit den alten Materialien kann man sehr schön arbeiten. Zur Zeit Muhammads war Schreiben eine eher kostspielige Kunst, die nur wenige Spezialisten beherrschten. Auch heute ist Kalligrafie unter anderem eine Frage des Geldes – deswegen hier die preisgünstige Variante:

Rohr oder Holz müssen zugeschnitten werden. Dafür brauchst du eine Unterlage und ein scharfes kleines Messer (Vorsicht Verletzungsgefahr!). Wichtig ist die Art des Zuschnitts: Harte Rohre vertragen einen steileren Grad als weiche. Verschieden ist auch der Einschnitt des Spalts, durch den die Tinte laufen soll: tiefer für harte und weniger tief für weiche Rohre. Das alles hängt auch von dem Druck deiner Hand beim Schreiben ab – also erst einmal ausprobieren!
Für Rohre eignen sich Tinten, angeschrägte Holzleistchen vertragen auch Pigmentfarben.

Noch ein Tipp: Am Anfang großformatig arbeiten, Packpapier auf dem Boden benutzen, große Schreibbewegungen aus dem Arm machen, damit du ein Gefühl für die Schrift bekommst. Denk daran: Ein Buchstabe besteht nicht aus Linien, sondern aus den Lichträumen, die die Linien einfangen! Und dass Gläser mit Tinte gerne umfallen, weißt du ja sowieso ...
Hier seht ihr Beispiele für arabische Schreibstile und ihre dazugehörigen Rohrspitzen:

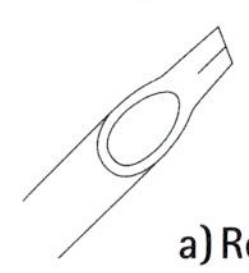

a) Rohrspitze für z.B. den kūfischen Stil

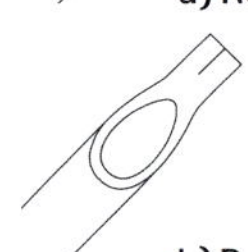

b) Rohrspitze für z.B. den Idschāsa-Stil

c) Rohrspitze für den nordafrikanischen Maghrebī-Stil

- Mit dieser Anleitung ist es dir möglich, selbst ein Schreibgerät herzustellen. Wenn ihr eine große Unterlage und ein Tintenfass besorgt, kann es losgehen!
- Kannst du die Basmala (Seite 107) auf einem farbigen Papier nachzeichnen?

Anfang der Sure 32
im alten kūfischen Stil

Arabische Schrift im Naskhī-Stil

Tora-Schild mit den Zehn Geboten
in hebräischer Schrift

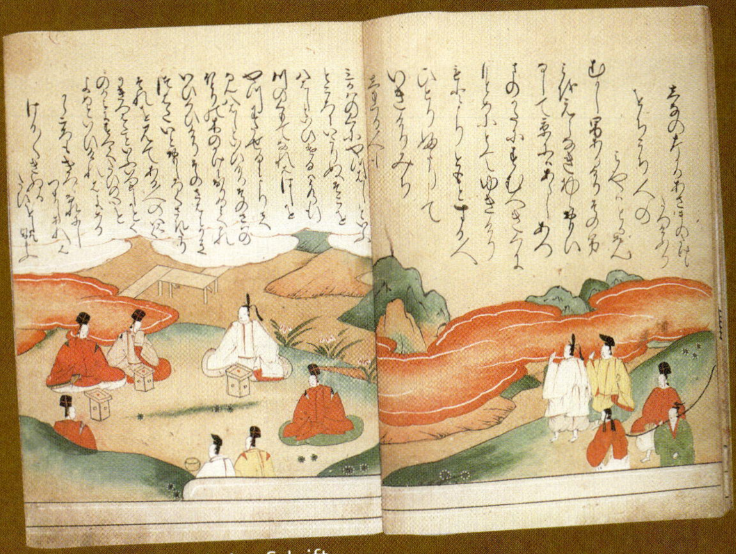

Erzählung in japanischer Schrift

Lateinische Schrift und Malerei in einem alten Buch für den christlichen Gottesdienst an Weihnachten

Unendlich viele

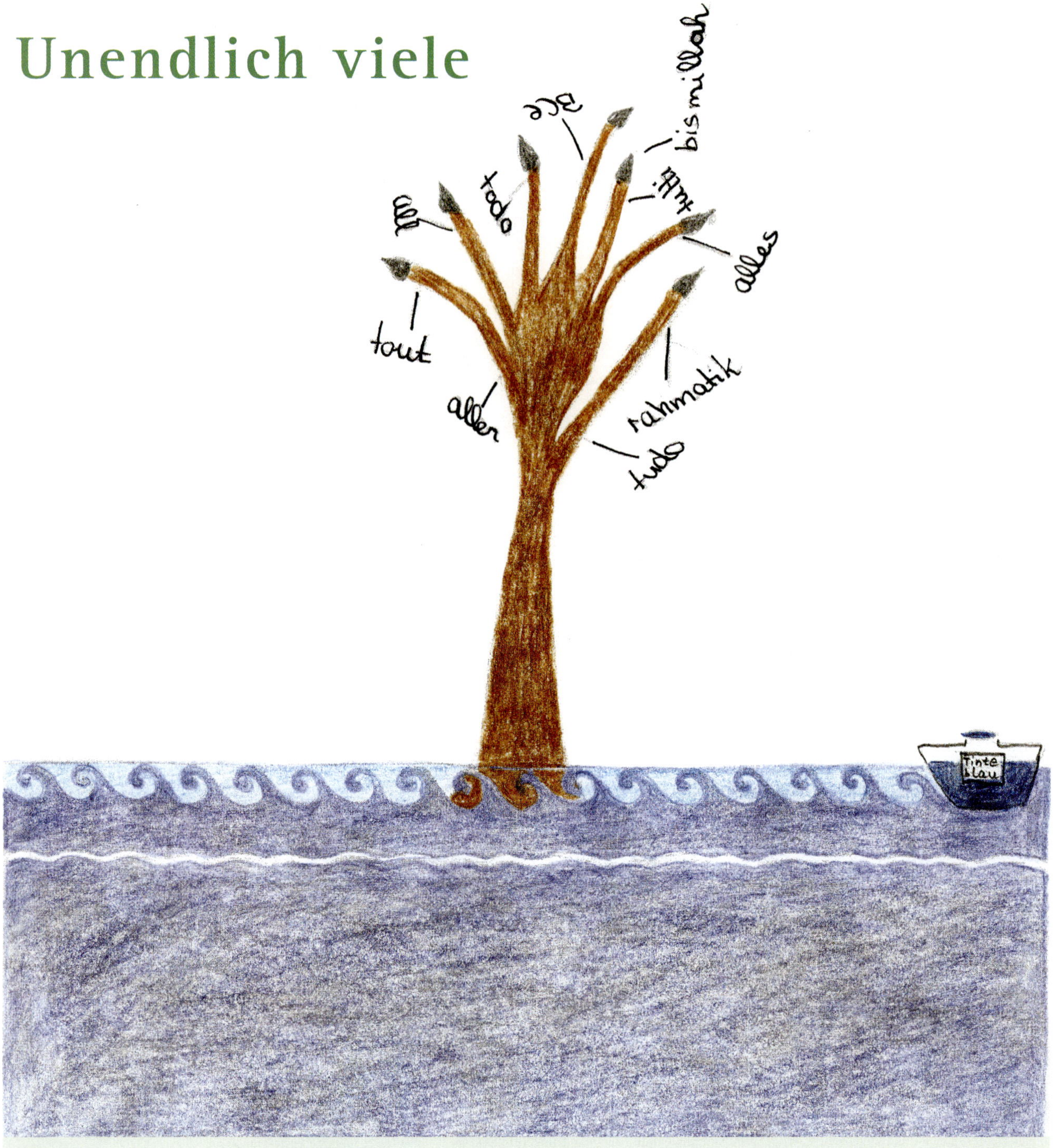

Sukayna, 12 Jahre alt

- Der Qur'änvers zu Beginn dieses Kapitels (Seite 111) spricht in einem Vergleich von der Unendlichkeit der Worte Gottes ﷻ. Besprecht in der Gruppe miteinander, wie ihr das verstehen könntet.
- Ihr könnt zusammentragen, wo ihr sonst noch auf „Worte Gottes ﷻ" trefft. Das muss nicht nur mit Büchern zu tun haben! Worte Gottes ﷻ mit und ohne Buchstaben?
- Aus euren Ideen lässt sich bestimmt eine Collage oder sogar eine Plakatwand gestalten.

11 Gleiches Recht für alle!

WIR haben den Menschen Würde verliehen.

17:70

Gott ﷻ hat jeder Frau und jedem Mann die gleichen Rechte gegeben. Alle Menschen sind gleich wertvoll. Keiner steht über dem anderen.

وَلَقَدْ كَرَّمْنَا بَنِيٓ ءَادَمَ

„Alle Menschen sind gleich, manche sind gleicher!“

Rechte für alle?!

Spielanleitung:
Erstellt in Gruppen eigene „Rechte-Karten", auf denen ihr für euch wichtige Bedürfnisse und Selbstverständlichkeiten und Menschenrechte notiert. Ordnet die Karten nun in einer Reihe an, je nachdem, wie bedeutend die Karte für euch ist. Begründet eure Reihenfolge. Anschließend einigt ihr euch auf eine gemeinsame Werteskala in der Klasse. Dazu legt ihr am besten eure Karten in die gewünschte Reihenfolge.
Achtung: Zum Auslegen eurer Karten braucht ihr Platz (im Gang, in der Turnhalle, Aula, auf dem Schulhof ...)!

Das Haus der Rechte ist in vielen Ländern der Erde noch im Rohbau.
Jedes Kind hat ein Recht auf ...

- Findet im Internet Berichte über Kinderarbeit. Gibt es Kinderarbeit auch in Deutschland?
- Vielleicht kennt ihr Menschen ohne Wohnung. Erkundigt euch auch bei den Lehrkräften.
- Erkundigt euch über die Arbeit in einer öffentlichen Suppenküche oder einem Obdachlosenheim. Vielleicht könnt ihr sogar eine Leiterin oder einen ehrenamtlichen Mitarbeiter zum Gespräch in den Unterricht einladen.
- Gestaltet eine Geschichtenwand mit Schicksalen von Kindern in Deutschland, denen Rechte verweigert werden.
- Weltkindertag, Internationaler Tag der Frauen, Tag der Alphabetisierung, Welthungertag, Tag des Buches, Welt-AIDS-Tag. Es gibt viele solcher Gedenktage. Findet heraus, wann, warum und wie sie begangen werden.

Entfaltung der Persönlichkeit?

Der Staat hat zu gewährleisten, dass kein Kind unter 15 Jahren direkt an Feindseligkeiten teilnimmt und kein Kind unter 15 für die Armee rekrutiert wird; dass alle von bewaffneten Auseinandersetzungen betroffenen Kinder Schutz und Fürsorge finden.

Setzt euch für Gott ein und seid Zeugen der Gerechtigkeit. Und der Hass gegen eine Gruppe soll euch nicht (dazu) verleiten, ungerecht zu handeln.

Das Kind hat das Recht auf freie Meinungsäußerung.

Willst du also die Menschen dazu zwingen, Gläubige zu werden? Niemandem steht es zu, zu glauben, es sei denn mit Gottes Erlaubnis.

Kinder haben ein Recht auf Erholung und Freizeit, bei Spiel und Freizeitaktivitäten mitzumachen und ungehindert am kulturellen und künstlerischen Leben teilzunehmen.

Kommt her, ich will verlesen, was euer Herr euch verboten hat: Ihr sollt IHM nichts zur Seite stellen und den Eltern Güte erweisen; und ihr sollt eure Kinder nicht aus Armut töten. WIR sorgen ja für euch und für sie.

Und tötet eure Kinder nicht aus Furcht vor Armut; WIR sorgen für sie und für euch. Wahrlich, sie zu töten ist ein großer Fehler.

Betretet keine anderen Wohnungen als die euren, bevor ihr nicht um Erlaubnis gebeten und ihre Bewohner gegrüßt habt.

Das Kind hat ein Recht auf schulische Erziehung, die gerichtet sein soll auf die volle Entfaltung der Persönlichkeit, der Begabungen und der geistigen und körperlichen Fähigkeiten des Kindes.

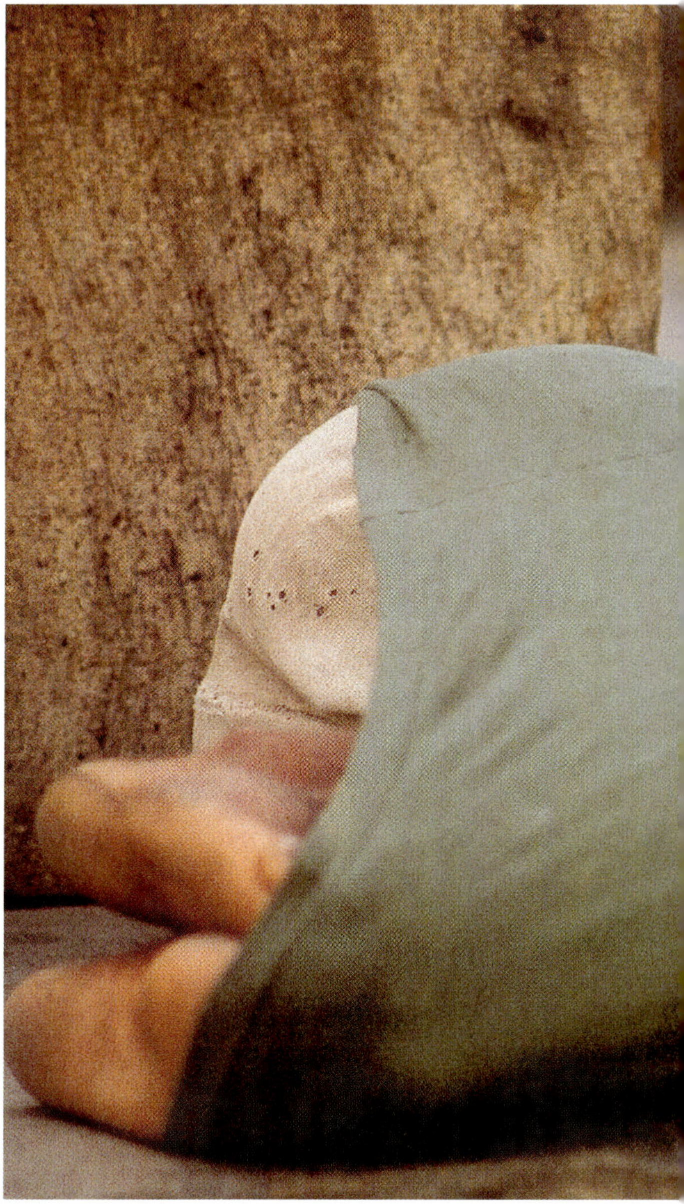

Jedem Kind ist von Natur aus das Leben gegeben, und der Staat stellt das Überleben und die Entwicklung des Kindes im größtmöglichen Maße sicher.

- Diese Aussagen stammen entweder aus der UN-Menschenrechtskonvention oder aus dem Qur'ān. Ordnet zu!
- Welche dieser Grundrechte werden dem Jungen vorenthalten?
- Sprecht über den Unterschied zwischen „recht haben" und „recht bekommen".

Das Kind hat ein Recht auf Schutz vor Ausbeutung und vor Beschäftigung, die für seine Gesundheit oder körperliche, geistige, seelische, moralische oder gesellschaftliche Entwicklung schädlich sein könnte.

Hast du den gesehen, der das Gericht leugnet? Das ist der, der die Waise wegstößt und nicht zur Speisung des Armen anspornt.

Gerecht?

Wir sind aus Mekka vertrieben worden, weil wir den Islam angenommen haben. Nun haben wir keine Unterkunft mehr, sind müde, durstig und hungrig. O, Bewohner Medinas, könnt ihr uns im Namen Gottesﷻ helfen?

Seid uns willkommen, liebe Geschwister, Muhammadﷺ, der Gesandte Gottesﷻ, hat uns von eurem Leid erzählt. Kommt in unsere Häuser und teilt mit uns alles, was wir haben. Bleibt bei uns, solange ihr wollt, mit Gottesﷻ Hilfe werden wir es schaffen.

Das Gesicht

Die einzige unversehrte Tür in der verwüsteten Wohnung habe ich
an das einzige noch heile Fenster gestellt:
Dort schläft meine Liebste, mein kleines Mädchen.

Ich habe Angst: Das Glas träfe ihr helles Gesicht
und entstellte eine solche himmlische Schönheit,
deretwegen, so denke ich, die Sonne aufgeht.

Stefan Tontič

Eminas Träume

„Hallo, Emina, was sind das für Steine, die du da malst?"
„Ich muss ständig an meine Heimat denken. An die grünen Wiesen, an das Haus meiner Eltern und an meine toten Brüder."
„Weine doch nicht. Der Krieg ist doch schon lange vorbei."
„Aber ich wache noch jede Nacht auf. Deswegen habe ich diese Steine gemalt. Es sind Edelsteine!"
„Wieso malst du Edelsteine, die von einer Mauer umgeben sind?"
„Die Edelsteine sind sehr harte Steine, die kann niemand zerstören."

„Du nicht!“

Musa steht vor dem Spiegel. „Wow, seh ich cool aus", denkt er sich und macht sich auf den Weg zur Party im Jugendzentrum.
„Ey, Mann, wo willst'n du hin?"
„Ich möchte zur Party rein, was dagegen?"
„Ne, du kommst hier net rein!"
„Wieso denn nicht? Was willst du eigentlich von mir?"
„Ey, dich woll'n wir hier nicht, kapiert?"
Musa ist ratlos und will gehen. Da kommt Jamal aus der 10. Klasse. Ein bulliger Typ.
„Hallo, Musa, na, was is'n los?"
„Der Typ da will mich nicht reinlassen!"
„Na komm, dem hau ich auf die Nase. Dann kannste rein."
„Ach, ich weiß nicht ..."

„Die nicht!“

„Na, Oma, hat sich schon jemand auf deine Anzeige gerührt?", fragt Steffie, als sie ihre Oma in der großen Wohnung besucht.
„Ja, zwei haben sich das Zimmer angesehen. Die eine will jeden Tag mehrere Stunden Trompete üben und die andere wollte von Mithilfe im Haushalt nichts wissen. Solche Untermieterinnen kann ich nicht gebrauchen", schüttelt Oma den Kopf.
Plötzlich klingelt es. Steffie hört, wie eine Stimme mit Akzent zu Oma sagt: „Mein Name ist Aziza Benahu. Ich komme aus dem Sudan und studiere hier Medizin. Gerne würde ich als Gegenleistung Ihnen im Haushalt helfen. Ich bin es gewöhnt, älteren Menschen zu helfen. Das habe ich zu Hause auch oft getan. Wenn Sie mir das Zimmer vermieten würden, wäre ich Ihnen sehr dankbar."
„Tut mir leid, aber das Zimmer ist schon vergeben", hört Steffie ihre Oma sagen. Und gleich darauf fällt die Tür ins Schloss.
„Aber Oma, das stimmt doch nicht! Genau so jemanden hast du doch gesucht!"
„Ja schon, aber ..."

- Was bedeuten die Edelsteine für Emina?
- Recherchiert, ob in eurer Nachbarschaft oder Stadt Flüchtlinge aus anderen Ländern leben.
- Erkundigt euch, welche Hilfsinitiativen und Unterstützung es in Deutschland für Flüchtlinge gibt. Dabei hilft es euch, den Begriff „Asylbewerber/in" zu klären.
- Musa und Aziza Benahu wird etwas verwehrt. Vermutet, woran das liegt.
- Wie werden sich Musa und Aziza Benahu gefühlt haben?
- Die beiden Geschichten sind noch nicht zu Ende erzählt. Spielt die Situationen nach. Überlegt euch einen guten und einen schlechten Schluss für jede Szene.
- Baut eine Mauer aus Schuhkartons auf. Jeden der „Steine" beschriftet ihr mit abweisenden Wörtern. Tragt dann eure Ideen zusammen, welche Wörter und Taten nötig sind, um die Mauer zu durchlöchern und die „Steine" abzutragen.
- Für Emina bedeutet eine Mauer Schutz ...

Recht geben – Recht nehmen

Heute ist es so weit! Großvater kommt! Wir haben alle geholfen und alles vorbereitet!
Nach dem Tod von Oma war Opa lange sehr traurig. Meine Eltern haben sich große Sorgen gemacht. Dann musste Opa auch noch mit einem Schlaganfall ins Krankenhaus. Dort hat er viele Wochen gelegen. Jetzt kann er nicht mehr allein in seiner Wohnung bleiben, weil er immer jemanden braucht, der sich um ihn kümmert. Mama ist sein einziges Kind, und sie wollte ihn sofort zu uns holen. Wir haben aber nur eine 4-Zimmer-Wohnung. Ajda und ich waren begeistert: Opa kommt, er erzählt uns doch immer so tolle Geschichten! Und „Mensch-ärgere-dich-nicht" spielt er auch immer mit uns.
Aber Mama meinte nur: „Nein, Belma, das geht jetzt im Moment nicht mehr. Opa kann nur mühsam sprechen, und mit der rechten Hand kann er auch nichts machen. Opa ist ganz allein und braucht unsere Hilfe. Deshalb wäre es gut, wenn er bei uns einziehen könnte."
Also haben wir mein Zimmer umgeräumt und neu gestrichen. Für Opa haben wir ein Krankenbett gekauft, damit er nachts nicht herausfällt und leichter gepflegt werden kann.
Dann habe ich alle meine Sachen in Ajdas Zimmer gestellt. Wir haben jetzt ein Etagenbett und müssen uns den Kleiderschrank und das Regal teilen.

Dein Herr hat bestimmt, dass ihr IHN alleine anbeten sollt und dass ihr zu euren Eltern gut sein sollt. Wenn der eine von ihnen oder beide bei dir im Haus ins hohe Alter gekommen sind, dann sag nicht „Uf!“ zu ihnen und schelte sie nicht, sondern sprich mit ihnen ehrerbietig.
Und bedecke sie demütig mit den Flügeln der Barmherzigkeit und bitte „O, mein Herr! Erbarme dich beider so mitleidig, wie sie mich aufzogen, als ich klein und hilflos war!“

17:23-24

Abu Qatāda berichtete, dass der Gesandte Muhammad ﷺ die kleine Umāma trug, während er betete. „Wenn er sich niederwarf, legte er sie hin, und wenn er wieder aufstand, trug er sie wieder.“

Sammlung Bukhārī

- Belma teilt nun mit ihrer Schwester ein Zimmer. Das bringt bestimmte Schwierigkeiten mit sich. Erstellt Regeln, die das Zusammenwohnen erleichtern.
- Obwohl beide Schwestern auf ihr eigenes Zimmer stolz waren, sind sie nun einverstanden, sich eines zu teilen. Überlegt die Gründe hierfür.
- Der Qur'ān gibt Auskunft, wie man sich in so einem Fall verhalten sollte. Lest dazu den oben stehenden Text.
- Eine Alternative für die Familie wäre, den Großvater in einem Heim professionell betreuen zu lassen. Was macht es möglich, dass die Familie ihren Opa zu sich holt?
- Wenn du Familien kennst, in denen ein Großelternteil mitwohnt: Erzähle von schwierigen und von schönen Seiten.

- Betrachtet die drei Bilder und erzählt, was da los ist. Sagt eure Meinung dazu.
- Der Gesandte Muhammad ﷺ ließ während seines Gebets ein Kind so lange auf seinem Rücken, bis es von selbst herunterkrabbelte. Es machte ihm auch nichts aus, dass die gesamte Gemeinschaft warten musste. – Bringt diese Geschichte mit den drei Bildern in Verbindung.
- Findet heraus, was der Begriff „Toleranz" bedeutet.
- Erfindet eine kurze Geschichte zum Thema „Toleranz". Ihr könnt sie als Comic zeichnen, eine Bilderfolge für ein Daumenkino entwerfen oder die Geschichte aufschreiben.

Rechte verpflichten

Vormittags in der Computerabteilung eines Kaufhauses. Ein Schüler steht vor den Computerspielen.

Kaufhausdetektiv:	„Hallo, wie heißt du?"
Schüler:	„Tārik!"
Detektiv:	„Wie alt bist du?"
Schüler:	„Elf."
Detektiv:	„Dann müsstest du doch in der Schule sein?!"
Schüler:	„Nee, hab schulfrei!"
Detektiv:	„So, in welche Schule gehst du denn?"
Schüler:	„Ringelnatz-Hauptschule."
Detektiv:	„Dann hast du sicherlich nichts dagegen, wenn ich dort anrufe."
Schüler:	„Mir doch egal."

Der Detektiv ruft in der Schule an und erfährt, dass Tārik schwänzt.

Detektiv:	„Warum gehst du denn nicht in die Schule?"
Schüler:	„Das ist doch alles doof. Da lern ich sowieso nix. Die Lehrer können mich nicht leiden. Da brauch ich nicht hin."

Ich heiße Mbane und komme aus Tansania. Morgens stehe ich noch vor Sonnenaufgang auf und hole zusammen mit meiner Schwester einen großen Krug Wasser vom Brunnen. Ich muss ungefähr eine Stunde laufen, um das Wasser zu holen. Danach muss ich mich beeilen, um rechtzeitig zur Schule zu kommen. Ich gehe gern zur Schule. Besonders Lesen macht mir großen Spaß. Nach der Schule muss ich bis zum Sonnenuntergang die Ziegen aus unserem Dorf hüten. Jedes Kind muss für die Dorfgemeinschaft arbeiten. Mir macht das nichts aus. Ich denke dann immer an die schönen Geschichten aus meinem Lesebuch und freue mich auf den nächsten Tag.

Es gibt zwei Sorten Ratten:
Die hungrigen und satten.
Die satten bleiben vergnügt zu Haus,
Die hungrigen aber wandern aus.

Sie wandern viel tausend Meilen,
Ganz ohne Rasten und Weilen,
Gradaus in ihrem grimmigen Lauf,
Nicht Wind noch Wetter hält sie auf.

Heinrich Heine

Reicher Mann und armer Mann
Standen da und sah'n sich an.
Und der Arme sagte bleich:
Wär ich nicht arm, wärst du nicht reich.

Bertolt Brecht

- Zu den Grundrechten der Kinder (siehe *Saphir* Seite 125) gehört auch das „Recht auf kostenlosen Unterricht".
  Ob Tārik seine Situation richtig versteht?
- Vergleicht die Situation von Tārik mit der von Mbane. Was würde passieren, wenn die beiden für ein Jahr die Rollen tauschten?
- Recherchiert die Begriffe „Dritte Welt" und „Eine Welt".
- Spielt die in der Karikatur dargestellte Szene nach. Dabei sollen zwei Schüler am Tisch insgesamt acht Brotscheiben und acht Schülerinnen zwei Brotscheiben auf einem Teller erhalten. Diskutiert, warum die zwei Schüler von ihrem Anteil abgeben sollten.
- Bringt diese Situation mit dem Foto auf Seite 126/127 in Verbindung.

„I have a dream“

„Ich freue mich, heute mit euch zusammen an einem Ereignis teilzunehmen, das als die größte Demonstration für die Freiheit in die Geschichte unserer Nation eingehen wird …
Ich habe einen Traum, dass eines Tages auf den roten Hügeln von Georgia die Söhne früherer Sklaven und die Söhne früherer Sklavenhalter miteinander am Tisch der Brüderlichkeit sitzen können …
Ich habe einen Traum, dass meine vier kleinen Kinder eines Tages in einer Nation leben werden, in der man sie nicht nach ihrer Hautfarbe, sondern nach ihrem Charakter beurteilen wird. Ich habe einen Traum heute …“

- Findet heraus, warum Martin Luther King diese Rede hielt. Wer war dieser Mann?
- Inwiefern ist Martin Luther Kings Traum Wirklichkeit geworden, inwiefern nicht?
- Findet einen anderen Begriff als den der „Brüderlichkeit“, der Mädchen und Frauen einbezieht.

Dient Gott und setzt IHM nichts gleich. Behandelt die Eltern, die Verwandten, die Waisen, die Armen, die bekannten und fremden Nachbarn, den Begleiter an eurer Seite, den Reisenden und den euch Anvertrauten gut.

4:36

وَٱعْبُدُوا ٱللَّهَ وَلَا
تُشْرِكُوا بِهِۦ شَيْـًٔا وَبِٱلْوَٰلِدَيْنِ
إِحْسَٰنًا وَبِذِى ٱلْقُرْبَىٰ وَٱلْيَتَٰمَىٰ
وَٱلْمَسَٰكِينِ وَٱلْجَارِ ذِى ٱلْقُرْبَىٰ
وَٱلْجَارِ ٱلْجُنُبِ وَٱلصَّاحِبِ
بِٱلْجَنۢبِ وَٱبْنِ ٱلسَّبِيلِ
وَمَا مَلَكَتْ أَيْمَٰنُكُمْ

Befolgt Gottes Gebote und setzt IHM nichts gleich. Seid gut zu euren Eltern und Verwandten, den Waisen, den Armen und zu euren Nachbarn – egal, woher sie kommen. Seid gut zu den Reisenden und zu denen, für die ihr Verantwortung tragt.

Geteilte Freude ist doppelte Freude! Geteiltes Leid ist halbes Leid!

12 Gott im Gegenüber begegnen

Zusammen leben …

Und die wahren Diener Gottes ﷻ sind diejenigen,
die sich auf der Erde bescheiden zeigen; und
wenn die unwissenden Menschen sie ansprechen,
sagen sie zu ihnen: „Frieden!“

25:63

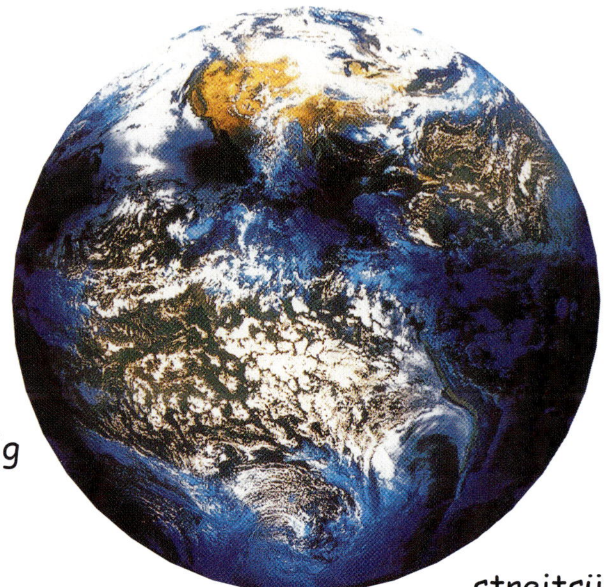

ironisch
witzig
bemüht
innig
liebevoll
sportlich
sparsam
egoistisch
harmonisch
gehässig
einsichtig
angeberisch
sorgsam
friedliebend
besonnen
vernünftig
fleißig
sozial
geizig
lustig
streitsüchtig
umsichtig
taktvoll
arrogant
verantwortungsbewusst
hilfsbereit
unfair
zuverlässig
friedfertig
herzlich
ehrlich
freundlich
geschwisterlich
einfühlsam
aufmerksam

- Welche Verhaltensweisen müsste dein bester Freund oder deine beste Freundin haben?
- Erstelle eine Liste der fünf wichtigsten Eigenschaften.

… und handeln

Einander kennenlernen

Der Junge war erst kurz vor den Sommerferien an die Schule gekommen. Er sah anders aus, wirkte irgendwie fehl am Platz. Wurde er angesprochen, drehte er sich um und ging fort. Es schien ihn verlegen zu machen. Im Unterricht sagte er nichts. In den Pausen stand er allein unter der alten Platane, so als suche er Schutz unter ihrem ausladenden Blätterdach.
Manchmal saß er auf der Bank und las in einem Buch, das voll seltsam fremder Schriftzeichen war, und manchmal schien er in Gedanken ganz weit weg zu sein. Es dauerte nicht lange, bis die ersten dummen Bemerkungen fielen:
„Hallo – du nix Deutsch? Ha ha ha ..."
„Guck mal, ein Vogel! Piep, piep!", rief Kevin ihm zu und tippte sich dabei an die Stirn.
Dann kam der letzte Schultag.
Es gab Zeugnisse.
Der Junge hatte sein Zeugnis nicht mal angesehen und es wortlos in die Tasche gesteckt. Jetzt hatten alle nur noch die Ferien im Kopf.
Nach den Ferien war auch der fremde Junge wieder da. Er wirkte verändert. Es lag nicht an der Kleidung. Er lächelte.
In der Pause stand er wieder unter der Platane. Die anderen aus der Klasse blickten verstohlen zu ihm hinüber.
Auf einmal verließ er seinen Platz und ging auf Kevin zu. Die anderen hielten den Atem an.
„Guck mal, da, Vogel! Piep, piep!", sagte der Junge in gebrochenem Deutsch und zeigte auf den Baum. Aus dem Blätterdach zwitscherte ein Vogel herüber.
Kevin und der Junge sahen sich kurz in die Augen. Dann mussten sie beide lachen. Auch die anderen hatten verstanden ...

- Überlegt euch: Was machte den Jungen „fremd" in der Klasse? Was haben am Ende die anderen verstanden?
- Die Mitschüler hätten von Anfang an auch anders auf den Jungen eingehen können. Wie? Besprecht eure Ideen in Gruppen und spielt sie mit verteilten Rollen vor!
- Auf einem Plakat steht „Wir sind alle Ausländer – fast überall". Was ist deiner Meinung nach damit gemeint? Schreibe dazu eine kurze Erklärung, eine Geschichte oder über ein eigenes Erlebnis!

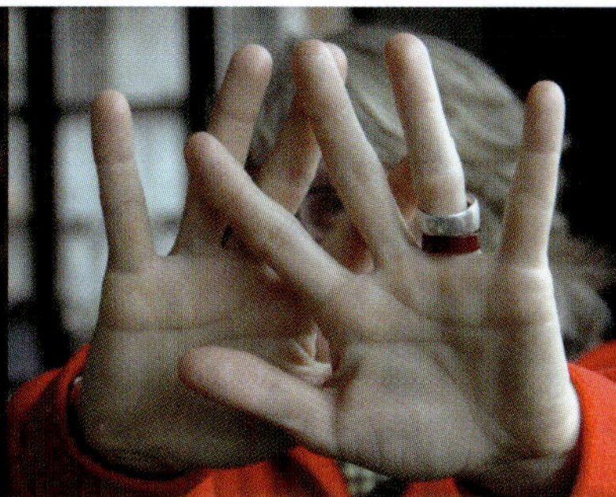

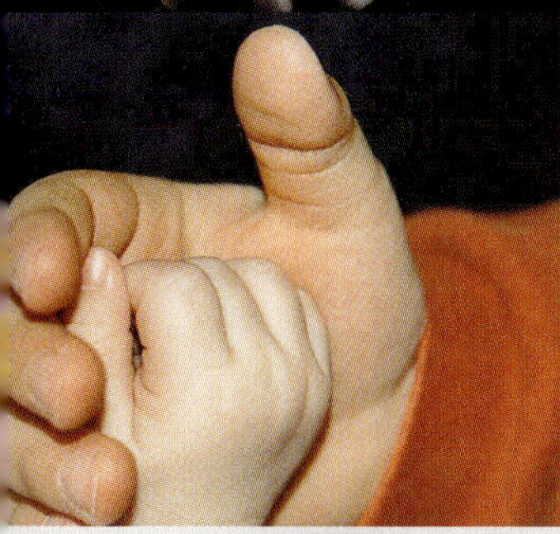

Hände können:

- heilen
- trösten
- beschützen
- abwehren
- zupacken
- Hilfe bringen
- Gemeinschaft ausdrücken
- Stärke zeigen
- tragen
- streicheln
- zuschlagen

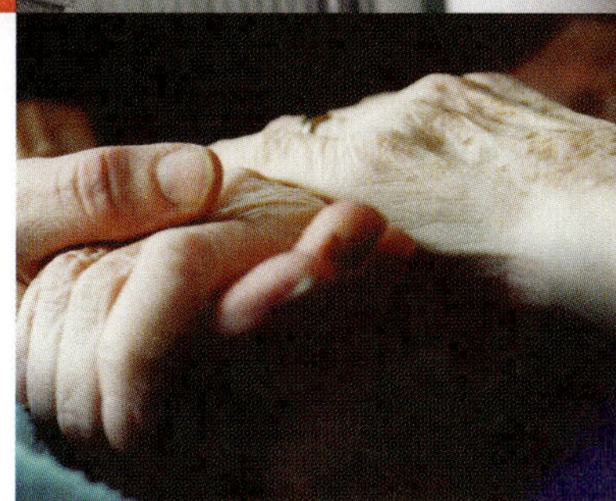
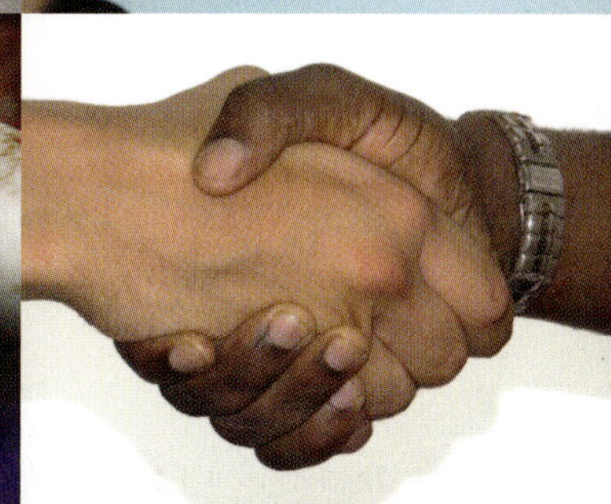

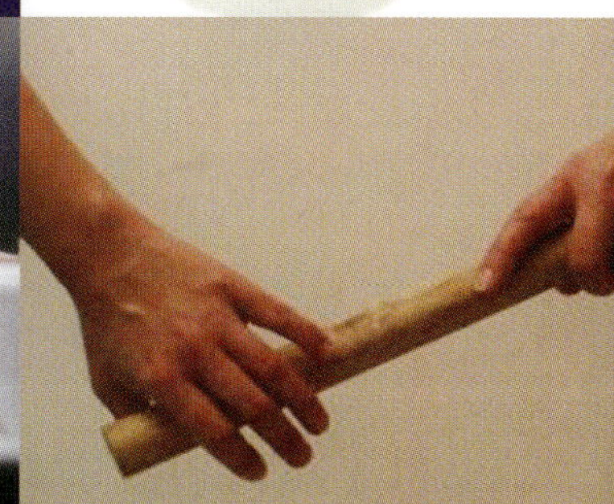
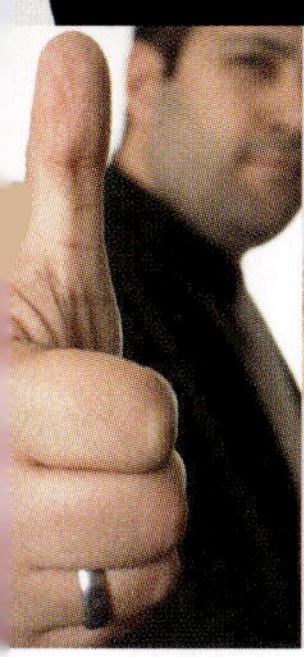

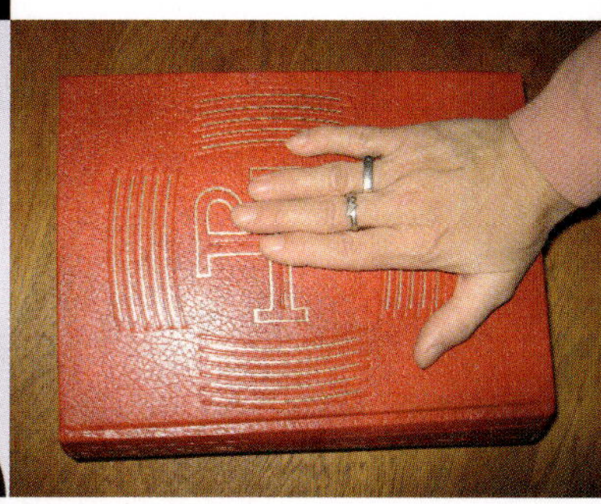

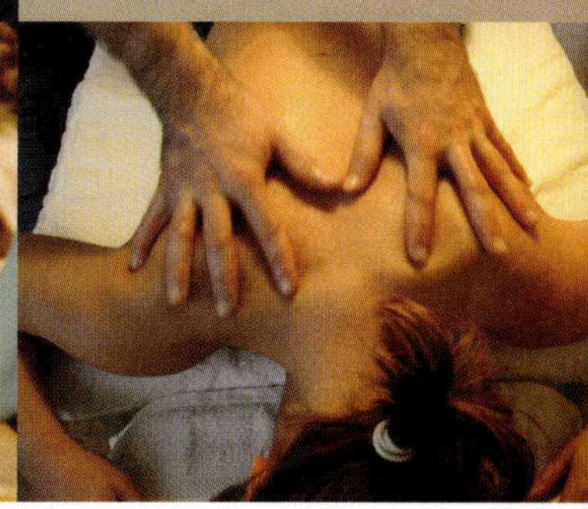

- Allein durch die Haltung unserer Hände können wir viel ausdrücken. Erstellt ein kleines Lexikon der Hände. Wie können beispielsweise folgende Sätze mit den Händen ausgedrückt werden: „Ich gewinne", „Das ist schlecht", „Geh weg", „Lass mich", „Pass auf", „Ich helfe"?
- Findet weitere „Handsätze" für euer Lexikon.

Gottes ﷻ Gebote beachten

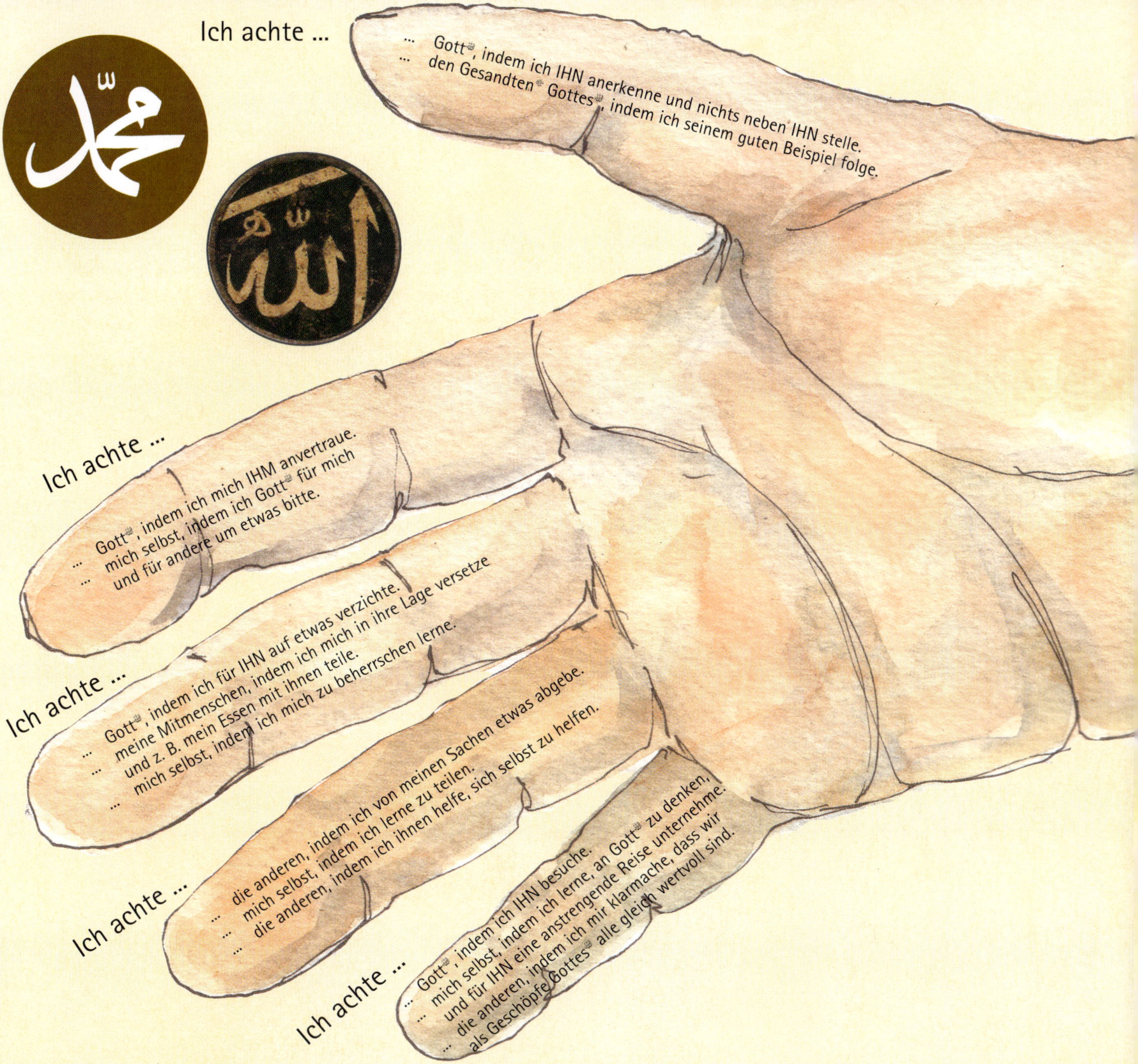

- Eine knifflige Aufgabe: Betrachtet die Sätze auf der Hand. Findet den Zusammenhang zwischen den Aussagen und den Fotos auf Seite 140 heraus. Ein Tipp: Die Aussagen sind absichtlich in die *fünf* Finger geschrieben!
- „Gottes Gebote zu befolgen, führt zu einem friedlichen Miteinander.“ – Stimmt diese Behauptung? Ihr könnt sie prüfen, indem ihr nach Beispielen sucht.

Verantwortung übernehmen …

Nahids Mutter hatte einen Unfall und musste in die Klinik. Frau Schmitz, die Nachbarin von nebenan, kümmerte sich darum, dass es Nahid weiterhin gut ging.

Die nächste Klassenarbeit in Mathematik fiel schlecht aus. Tanja, Nahids Freundin, hatte noch ein Befriedigend, aber Nahid bekam die Note Mangelhaft.

Auf dem Weg zur Bushaltestelle gab es dann noch Streit wegen einer Kleinigkeit. Die Mädchen sprachen nicht mehr miteinander.

Zu Hause brachte Frau Schmitz Nahid das Mittagessen. Nahid hatte keinen Appetit. „Heute habe ich eine schlechte Note bekommen und mich mit Tanja gestritten!“ Frau Schmitz wusste daraufhin guten Rat …

- Überlegt, wie die Geschichte wohl weitergeht. In Partnerarbeit könnt ihr besprechen, wie der gute Rat von Frau Schmitz lautet. Vielleicht wollt ihr ein entsprechendes Abschlussbild malen.
- Erstellt eine Tabelle, wofür und für wen ihr Verantwortung übernehmt.

Zeitung für Tierfreunde

Kairo / 10. Woche / Nr. 5 / 0,60 Pfund

DR. HASSAN SAMI, TIERARZT AUS KAIRO, BEHANDELT KRANKE UND VERLETZTE TIERE

Von Nilab Shaker

Vor dem Eingang des *Brooke Tierkrankenhauses* im Kairoer Stadtteil Sayeda Zeinab werden den ganzen Tag über verletzte und kranke Tiere behandelt. Die Bauern und Händler kommen auf ihrem Weg zum Markt vorbeigefahren, um ihre Tiere untersuchen zu lassen. Sie wissen, dass es besser ist, ein krankes Tier rechtzeitig behandeln zu lassen, als zu warten, bis es nicht mehr arbeiten kann. Manche Tiere müssen aber für einige Tage im Krankenhaus bleiben. Da die armen Besitzer keinen Tag auf ihre Tiere verzichten können, zahlt ihnen das *Brooke Tierkrankenhaus* für den Arbeitsausfall der Tiere während der Behandlung eine angemessene Summe.

Es kommt auch vor, dass das Tierkrankenhaus einem Bauern ein geschundenes Tier abkauft. Dann lebt das Tier vor seinem Tod wenigstens für kurze Zeit angenehm im Freigehege der Klinik.

Das *Brooke Tierkrankenhaus* in Kairo hat bis heute Tausenden von Tieren und ihren Besitzern geholfen.

Das Brooke Tierkrankenhaus zwingt keinem seine Hilfe auf

Alle Tiere werden freiwillig gebracht, keines wird seinem Besitzer mit Zwang abgenommen, sagt Dr. Hassan Sami, Direktor des Tierkrankenhauses. Er und seine Kollegen machen den Besitzern deutlich, dass ihr eigenes Überleben von der Gesundheit ihrer Tiere abhängt. Denn kranke und verletzte Pferde und Esel können nicht arbeiten. Dabei hört mancher Bauer zum ersten Mal, dass es nach den Gesetzen des Islams verboten ist, ein Tier zu überfordern, ihm unnötige Schmerzen zuzufügen oder ein krankes Tier zur Arbeit zu zwingen.

Die Tiere sollen nicht nur gesund werden, sie sollen es auch gut haben

Dr. Hassan Sami kennt die Krankheitsgeschichten aller Tiere, die in seinem Tierkrankenhaus in Kairo untergebracht sind. Jeden Morgen geht er von Box zu Box, lässt sich von den Tierärzten den Stand der Genesung erklären, spricht mit den Tieren, legt ihnen die Hand auf die Stirn. Auch das ist schon vorgekommen, erzählt Dr. Sami: Ein Pferd, das von seinem Besitzer abgeholt wurde, hat sich nach wenigen Schritten auf der Straße losgerissen und ist zurück ins Hospital galoppiert.

Barmherzigkeit lässt sich nicht aufteilen

Dr. Sami zeigt mir die Klinik. Ich bin entsetzt, als ich die Wunden der Tiere sehe.

Die meisten dieser Tiere wurden jahrelang mit Lasten derart überladen, dass ihre Sehnen und Knochen nicht länger standhalten konnten. Viele sind in schwere Verkehrsunfälle verwickelt worden, andere haben Verbrennungen und Verätzungen durch gefährliche Chemikalien erlitten. Dr. Hassan Sami, gläubiger Muslim, ist der Meinung, dass das Elend der Tiere langfristig nur dann beseitigt werden kann, wenn es auch ihren Besitzern besser geht. „Barmherzigkeit gilt für Menschen und Tiere gleichermaßen … Man muss die Menschen verstehen, und man muss ihre Lebensbedingungen ändern, wenn man den Tieren wirklich helfen will“, sagt er.

- Erkundigt euch, ob es auch in eurer Stadt ein Tierhospital oder ein Tierheim gibt.
- Was unterscheidet ein Tierhospital von einem Tierheim?
- Findet heraus, warum es Tierheime gibt.
- Überlegt euch, was alles notwendig ist, damit Tiere gesund leben können. Was könnt ihr dafür tun? Hier sind erste Ideen: im Tierheim helfen, Tiere spazieren führen …

Wissen suchen – Gott ﷻ finden

Uhr mit Federwerk

Die Geschichte der Menschen ist auch eine Geschichte der Wissenschaft. Die Menschen haben früh gelernt, die Zusammenhänge zwischen Ursache und Wirkung zu beobachten und für sich zu nutzen. Das setzt die Konzentration auf das Sichtbare voraus, aber auch Kreativität – die Fähigkeit, sich etwas vorzustellen, das noch nicht sichtbar ist. Eine wichtige Grundlage dafür ist die Sprache. Der Qur'ān weist auf diese Fähigkeit der Menschen hin.
Schon vor vielen Hundert Jahren fühlten sich muslimische Wissenschaftler durch den Qur'ān ermutigt, weiter zu denken – in der Physik, der Chemie, der Medizin. Sie erforschten die Natur des Lichts, sie erfanden die Destillation zur Herstellung von Alkohol und fanden heraus, wie der menschliche Herz-Lungen-Kreislauf funktioniert.
In der Forschung stießen die Menschen immer wieder an Grenzen, und so ist das auch heute noch. Der Qur'ān fordert aber dazu auf, sich dadurch nicht entmutigen zu lassen:

Ihr Dschinn und Menschen!
Wenn ihr die Regionen der Erde und der Himmel
verlassen könnt, dann verlasst sie.
Ihr werdet es nicht schaffen –
es sei denn mit einer Ermächtigung.

55:33

Ein Astrolabium dient zur Messung von Winkeln am Himmel, also zur Orientierung, z. B. bei Expeditionen und in der Seefahrt.

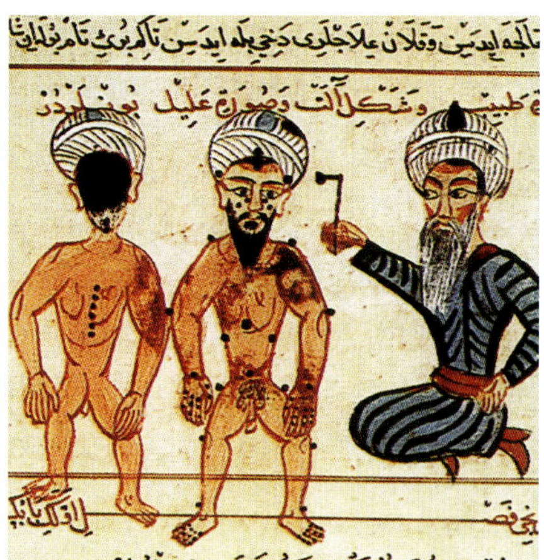

Die medizinische Zeichnung zeigt die Körperstellen, an denen der Arzt mit einem Reflexhämmerchen die Reflexe prüft.

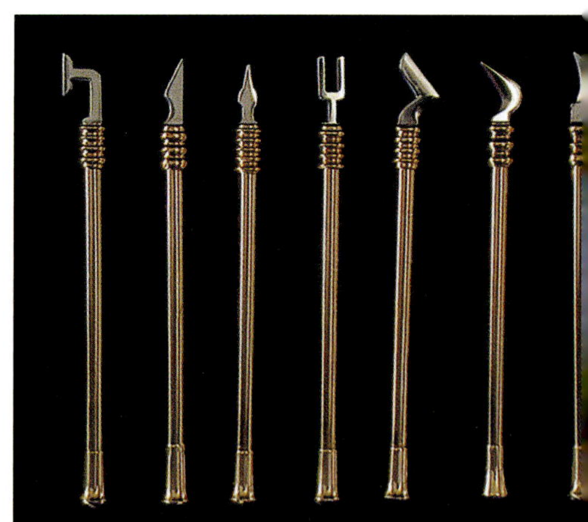

Zahnmedizinische Instrumente

Eine der wegweisenden Erfindungen der Menschen war die Nutzung von Eisenerz zur Herstellung von Metall. Der Qur'ān erwähnt in diesem Zusammenhang auch die Verantwortung der Menschen im Umgang mit dem Eisen: Intelligenz und Kreativität allein schützen nicht vor dem möglichen Missbrauch.
Interessanterweise gibt es im Qur'ān eine Sure, die „das Eisen" heißt:

> „WIR sandten UNSERE Gesandten mit beweiskräftigen Zeichen, und WIR schickten mit ihnen das Buch und die Waage ... und WIR schickten das Eisen. Darin sind harte Kraft und Nutzen für die Menschen. Gott wollte wissen, wer IHN und SEINE Gesandten in Wirklichkeit unterstützt ..." *57:25*

Der Qur'ān lehrt, dass Menschen oft ihre Verantwortung vor Gott vergessen. Zu leicht wird der Zuwachs an Wissen mit dem Vorsprung an Macht verwechselt. Das kann zum Missbrauch wissenschaftlicher Erkenntnisse führen.
Der Qur'ān stellt sich nicht der Vernunft oder der Wissenschaft entgegen. Aber in der Sure über das Eisen erinnert er die Menschen auch daran:

> „Ihr, die ihr glaubt! Seid Gott gegenüber ehrfürchtig und glaubt an SEINEN Gesandten!
> Dann gibt ER euch doppelt von SEINER Barmherzigkeit und ein Licht, in dem ihr geht.
> Und ER vergibt euch. Gott vergibt und ist barmherzig.
> Die Leute des Buches wissen, dass sie in keiner Weise über SEINE Gaben verfügen.
> Die Gaben liegen in der Hand Gottes. ER gibt sie, wem ER will.
> Und Gott allein verfügt über die großen Gaben." *57:28-29*

- Tauscht euch in Gruppen darüber aus, was ihr in diesem Qur'ānvers unter dem Wort „Gaben" versteht. In anderen Übersetzungen steht das Wort „Huld" ...
- Legt eine Tabelle an, welche Materialien, Gegenstände und Erfindungen sowohl Nutzen als auch Schaden bringen. Der Qur'ān erwähnt zum Beispiel den Alkohol.
- Der erste Mensch im Weltraum war Jurij Gagarin. Nach seiner Rückkehr zur Erde sagte er: „Ich war im Himmel und habe keinen Gott gesehen." Was würdet ihr entgegnen? Schreibt einen Brief.

Verantwortung tragen

- Märchen finden normalerweise ein gutes Ende. Was fällt dir ein, damit dieses „Märchen“ gut enden kann?
- Überlegt gemeinsam, ob ihr in der Gruppe und in der Klasse eine Hilfsaktion durchführen wollt. Achtet auf Spendenaufrufe oder informiert euch im Internet über anerkannte Hilfsorganisationen, wie z. B. „Ärzte ohne Grenzen“.
- Wenn ja, plant die einzelnen Schritte eures Projekts: Wann soll es starten und enden? Welche verschiedenen Arten der Hilfe könnt ihr umsetzen? Wie könnt ihr die anderen Klassen eurer Schule daran beteiligen? Welche anderen Verbündeten wollt ihr ansprechen? Soll euer Projekt über die Schule hinaus bekannt werden? Wie wollt ihr schließlich euer „Ergebnis“ präsentieren?

Wenn zwei Gruppen unter den Gläubigen aufeinander losgehen, stiftet Frieden zwischen ihnen! ...

49:9

Streit kann vorkommen, aber lasst nicht zu, dass es zum Kampf kommt. Mischt euch ein und schlichtet rechtzeitig!

وَإِن طَآئِفَتَانِ مِنَ
ٱلْمُؤْمِنِينَ ٱقْتَتَلُوا فَأَصْلِحُوا
بَيْنَهُمَا ج فَإِنۢ بَغَتْ إِحْدَىٰهُمَا عَلَى
ٱلْأُخْرَىٰ فَقَٰتِلُوا ٱلَّتِى تَبْغِى حَتَّىٰ تَفِىٓءَ إِلَىٰٓ أَمْرِ
ٱللَّهِ ج فَإِن فَآءَتْ فَأَصْلِحُوا بَيْنَهُمَا
بِٱلْعَدْلِ وَأَقْسِطُوٓا ط إِنَّ ٱللَّهَ
يُحِبُّ ٱلْمُقْسِطِينَ ۝

Wenn zwei sich streiten ...

13 Am Frieden arbeiten

Sich streiten …

- Ordnet die Fotos in zwei Gruppen. Tragt dazu die Nummern in eine Tabelle ein.
- Findet für jede Gruppe eine Überschrift.
- Diese Fotos lösen unterschiedliche Gefühle aus!

… am Frieden arbeiten

Das arabische Wort *islām* bedeutet die Hingabe an Gott. Das verpflichtet Musliminnen und Muslime dazu, friedlich zu leben. Sie begrüßen sich daher mit „as-salāmu ᶜalaikum". Es bedeutet: „Friede sei mit euch."

Der Friedensgruß an sich kann schon eine Arbeitsleistung sein! Höflich zu bleiben, auch wenn dich jemand provoziert, ist nicht selbstverständlich. Schließlich ist das „as-salāmu ᶜalaikum" auch ein Auftrag, etwas zu tun.

Ach, die alte Frau merkt das nicht, die sieht doch sowieso so schlecht.

Es trifft doch keinen Armen.

Muhammad sagte:
„Wer von euch etwas zu Verabscheuendes
sieht, soll es mit seiner Hand verändern,
und wenn er dies nicht vermag,
soll er es mit seiner Zunge verändern,
und wenn er selbst das nicht vermag,
dann mit seinem Herzen,
und dies ist das Mindeste an Glauben."

Sammlung Muslim

Ach, das ist doch nur mein kleiner Bruder, der jammert doch immer.

Die mag doch sowieso niemand.

Das geschieht ihr doch recht!

Auch wenn du deine Hand erhebst,
mich zu töten – ich erhebe nicht
meine Hand gegen dich.

5:28

Der hat doch zuerst …

Der ist doch selbst schuld, so wie der sich immer benimmt.

- Formuliere, was „Islam" für dich bedeutet.
- Schaut euch die Bilder im *Saphir* Seite 148 an und überlegt, wie ihr euch in diesen Situationen verhalten solltet. Warum ist es in der Realität oft anders?
- Schaut euch auch die Seite 71 im *Saphir* an.

Füreinander einstehen

Islam bedeutet Frieden

Intro-Rap:
An alle Möchtegern-Experten, die Hass und Panik verbreiten,
die Wahrheit verschweigen, verdrehen und zerschneiden.
Zu den besten Sendezeiten überall auf Titelseiten
den Islam zerreißen und mit Steinen beschmeißen.
Schleier, Feuer und Schwert, Afghanistan,
die Anschläge von Madrid, das ist Islam!
Al Kaida, seit dem 11.9. überall Sleeper.
Auch dein Nachbar könnte einer sein, also nimm dich lieber
in Acht vor den bösen Islamisten. Das Terrorfieber
ist entfacht, es wird uns alle vernichten.
Doch anstatt aufzuklären, aufzuhellen und zu schlichten,
wollt ihr lieber Ängste schüren und einseitig berichten.

Kehrvers:
Islam bedeutet Frieden!
Es ist eine Botschaft für alle, die den Frieden lieben!
Islam bedeutet Frieden!
Auch wenn manche versuchen, es zu verdrehen und zu verbiegen.
Islam bedeutet Frieden!
Muslime lieben Frieden und wollen Frieden leben.
Islam bedeutet Frieden!
Also lasst uns gemeinsam die Wege des Friedens gehen.

1. Jeden Tag ein neuer Angriff, ein neuer Anschlag,
Frieden unter Beschuss. Wer ist schuld an diesem Blutbad?
Der türkische Familienvater von nebenan?
Oder der freundliche Kiosk-Besitzer aus Pakistan?
Schuld sind die bösen bärtigen Männer mit dem Turban.
Schuld sind sie alle mit ihrem strengen Islam.
Nur wer nicht weiß, was Islam heißt, kann so was sagen,
denn Islam bedeutet Frieden, kannst es gerne nachschlagen.
Solltest lieber nachfragen, genauer nachhaken,
nicht einfach nachsagen, 'nem Sündenbock nachjagen.
Islam bedeutet Frieden seit über 5000 Jahren.
Öffne dein Herz und auch du wirst es spüren und erfahren.

2. An jeden Feigling, der Hass und Terror toleriert
und sich freut, wenn in der Öffentlichkeit 'ne Bombe
explodiert.
Jeder, der so was unterstützt und ausführt,
im Namen des Islams den Frieden attackiert,
ihr betreibt Unrecht und folgt dem Schaytān,
euren inneren Schwächen, aber nicht dem Islam.
Ihr zieht unsere Religion tief in den Dreck.
Hast du die Nase voll, dann schreib lieber 'nen Rap.
Der Gesandte Allahs hat uns beigebracht,
geduldig zu bleiben, auch wenn man uns fertigmacht.
Gutes zu tun und gerecht zu handeln
und nicht diese Welt in ein Chaos verwandeln.

3. Willst du die Wege des Friedens sehen, die wir Muslime gehen?
Es ist der Qur'ān, in dem diese Wege geschrieben stehen.
Stell Allah nichts zur Seite, achte auf deinen Charakter,
sei kein Arroganter, zeige Demut und sei dankbar,
ehre deine Eltern, deine Nachbarn und Kollegen,
sei bereit, dein Vermögen zu teilen, 'ne Spende zu geben.
Sei ein aufrichtiger Mensch, kein Betrüger,
kein aggressiver Krieger. Allah ist Frieden lieber.
Das ist unsere Botschaft, die Botschaft des Islams,
die Botschaft, die der Prophet Muhammad von Gott bekam.
Islam bedeutet Frieden schon seit über 5000 Jahren.
Öffne dein Herz und auch du wirst es spüren und erfahren.

Outro-Rap:
Irgendwann hast du gehört, mit Feuer und Schwert
hätte sich Islam verbreitet, ja so hast du's gelernt.
So hast du's dir gemerkt und fest eingeprägt
und jetzt verstehst du nicht, warum man dir was
von Frieden erzählt.
Ich kann nur sagen, befrei dich von deinem Vorurteil.
Ich komme mit einer Friedensblume, nicht mit dem Kriegsbeil.
Ich bin dein Freund und Kollege, schau genau, wie ich lebe.
Was ich dir hier erzähle, ist die Wahrheit, kein Gerede.
Kannst es gerne nachschlagen, genauer nachfragen.
Solltest nicht nachsagen, 'nem Sündenbock nachjagen.
Islam bedeutet Frieden seit über 5000 Jahren.
Öffne dein Herz und auch du wirst es spüren und erfahren.

Ammar 114

- Erinnere dich an einen Streit: Wie hast du dich während des Streits gefühlt? Wie nachher?
- Führt ein „Streit-und-Verzeih-Tagebuch“: Warum entsteht Streit? Wie lässt er sich beenden?
- Wenn ihr es euch zutraut, dann könnt ihr dieses Lied als Rap singen!
- Verfasst für eure Klasse die zehn wichtigsten Strategien, um Streit zu vermeiden. Dabei könnt ihr *Saphir 5/6* zu Hilfe nehmen und auch in anderen Schulbüchern nachschlagen.

München (AP) 14.1.2001 Blutflecken und Glasscherben geben noch am Sonntagmittag Zeugnis der Gewalttat. Im sonst recht friedlichen Münchner Schlachthofviertel hatten in der Nacht zum Samstag Skinheads einen 31-jährigen Griechen niedergeschlagen, ihm mit Springerstiefeln ins Gesicht getreten und ihn beinahe getötet. Anwohner zeigten sich erschüttert über die Eskalation. Vor allem der Zivilcourage von zwei Türken hat das Opfer wohl sein Leben zu verdanken. Sie holten aus dem türkischen Lokal nebenan Hilfe herbei. Daraufhin gerieten die zehn Männer aus der Gaststätte in eine Schlägerei mit den Skinheads. Durch den Lärm aufgeweckte Anwohner riefen unterdessen die Polizei an, die nur wenige Minuten später, gegen 1.15 Uhr, am Tatort eintraf.

Muhammad ﷺ sagte:
Wer zornig wird, während er steht,
der soll sich hinsetzen.
Wenn sein Zorn dann vergeht, ist es gut.
Wenn nicht, soll er sich hinlegen.

Sammlung Abu Dāūd

- Klärt die Fremdwörter in dieser Zeitungsmeldung. Was kennzeichnet einen Skinhead?
- Findet heraus, warum es zu solchen Gewalttaten kommen kann.
- Warum haben die beiden türkischen Männer dem Niedergeschlagenen wohl geholfen?
- Welche Erfahrungen mit Zivilcourage habt ihr schon gemacht? Sammelt Beispiele.
- Entwerft einen „Trau-dich!-Greif-ein-Leitfaden", wie man Menschen in gefährlichen Situationen helfen kann.

Jetzt reicht's!

Muhammad ﷺ sagte:
„Die Ehrlichkeit ist euch zur Pflicht gemacht;
denn die Wahrheit führt zur Rechtschaffenheit,
und Rechtschaffenheit führt zum Paradies."

Sammlung Muslim

- Erzählt, was in der Bildergeschichte oben passiert ist.
- Wie könnte die Geschichte weitergehen? Spielt die Fortsetzung!
- Bringt das Prophetenwort mit der Geschichte in Beziehung.
- Beschreibt die Gefühle des Mädchens oben rechts. Was wird geschehen?
- Wie lässt sich der Konflikt lösen? Überlegt euch zu zweit verschiedene Möglichkeiten.
- Sicherlich kennt ihr Situationen, in denen ihr auf andere Rücksicht nehmen sollt ...

Im Namen Gottes ﷻ, des barmherzigen Erbarmers. Sprich: „Ich suche Zuflucht zum Herrn der Menschen, dem Herrscher der Menschen, dem Gott der Menschen, vor dem Übel des Einflüsterers, der in die Herzen der Menschen einflüstert, (sei er) von den Dschinn oder den Menschen."

114:1-6

Muhammad ﷺ sagte: „Hütet euch vor Verdächtigungen; denn Verdächtigung ist die größte aller Lügen; sucht nicht absichtlich nach Fehlern und spioniert nicht nach. Seid untereinander nicht neidisch und missgünstig, wendet euch nicht voneinander ab und seid als Gottes Diener geschwisterlich zueinander."

Sammlung Bukhārī

Vater: „Mahmud, nun zapple nicht so rum beim Essen!"
Mahmud: „Ich freu mich doch so, gleich geht's los zum Märchenpark! Super!"
Salman: „So'n Kinderkram!"
Mutter: „Was soll das denn? Gestern haben wir uns doch darauf geeinigt, dass wir heute zum Märchenpark fahren."
Salman: „Ja, bloß weil Mahmud wieder mal geheult hat! Immer muss es nach seinem Willen gehen."
Vater: „Salman, hör sofort auf."
Salman: „Wieso, stimmt doch. Wenn *ich* mal was will, dann sagt ihr immer – „Da kann Mahmud noch nicht hin!" Immer muss ich mich nach ihm richten. Märchenpark, das is' was für Kleinkinder. Ich will lieber in den Freizeitpark, da is' richtig was los, mit Achterbahn, Geisterbahn und allem."
Mutter: „Du weißt doch, dass Mahmud da Angst hat. Du bist doch schon groß, da musst du eben ein bisschen Verständnis haben."
Salman: „Immer ich! Ich möchte auch mal was machen, was *mir* Spaß macht!"

Vergeben – vergessen?

Brandanschlag in Solingen

Solingen, 29. Mai 1993 Die „Untere Wernerstraße 8" in der Nacht zum 29. Mai. Es ist kurz nach ein Uhr, als im Haus der Familie Genc ein Feuer ausbricht. Innerhalb weniger Minuten breiten sich die Flammen mit rasender Geschwindigkeit aus und schneiden den Menschen im Haus den Fluchtweg ab. Beim Versuch, den Flammen zu entkommen, springt eine junge Frau in den Tod, andere Familienmitglieder, wie der jüngste Sohn Bekir, überleben mit schwersten Brandverletzungen. Am Morgen zählen die Polizisten fünf tote Frauen und Mädchen.

Einige Tage später steht Mevlüde Genc, die Mutter der getöteten Kinder, bei der Trauerfeier vor den fünf Särgen am Mikrofon. Sie wischt ihre Tränen weg und sagt mit gebrochener Stimme: „Wir müssen vergessen, die Trauer überwinden und gemeinsam eine andere Art des Umgangs miteinander finden."

- Auf die Frage, warum sie zur Versöhnung aufruft, antwortet Mevlüde Genc …
  Besprecht in der Gruppe verschiedene Antworten.
- Die Reaktion der Mutter ist völlig unverständlich! Oder?
- Über den Brandanschlag war die Öffentlichkeit entsetzt. Politik und Medien verurteilten die Tat auf Schärfste.
  Listet möglichst viele Formen des Protests und der Anteilnahme auf. Die Gedenktafel ist nur eine.

„Und bitte um Vergebung für deine Verfehlung
und für die gläubigen Männer und die gläubigen Frauen."

47:19

„Diejenigen aber, die Böses taten
und es dann bereuten und glaubten –
wahrlich, dein Gott ist hernach allverzeihend, barmherzig."

7:153

Muhammadﷺ sagte:
„Keiner von euch ist gläubig,
bis er für seinen Bruder wünscht, was er für sich wünscht."

Sammlung Bukhārī und Muslim

Muhammadﷺ sagte:
„Der wahrhaft Starke ist nicht derjenige,
der in einem Ringkampf siegt,
sondern der wahre Starke ist derjenige,
der sich in seinem Zorn beherrscht."

Sammlung Bukhārī

- Diskutiert gemeinsam über die Aussagen.
- Welche Grundsätze der Vergebung könnt ihr auf diesen Seiten finden? Findet eine Reihenfolge. „Spielt" ein Beispiel durch.
- Welche Handlungen, meinst du heute, könntest du nicht verzeihen?

Vergebung bereichert

Als der Gesandte Jūsuf ein Junge war, lief er eines Tages aufgeregt zu seinem Vater und rief: „Du, Vater, ich habe heute Nacht etwas Merkwürdiges geträumt!“
Der Vater interessierte sich: „Na, was denn?“
„Um mich herum waren die Sonne, der Mond und die Sterne, und alle verbeugten sich vor mir!“
Jūsufs Brüder neideten ihm die Liebe des Vaters so sehr, dass sie ihn töten wollten. Er war ihnen ausgeliefert, und sie nutzten die Gunst der Stunde. Voller Neid warfen seine Brüder ihn in einen tiefen Brunnen. Sein Leben schien zu Ende zu sein. Dem Vater erzählten sie, dass Jūsuf von einem Wolf gefressen worden sei. Der Vater glaubte ihnen aber nicht, und vor lauter Kummer wurde er blind.

Jūsuf blieb, dank Gottes Hilfe, am Leben und kam als Sklave mit einer Karawane nach Ägypten. Dort versuchte er, fleißig zu sein und Gott zu gefallen. Dennoch geschah ihm großes Unrecht.
Jūsuf wurde ins Gefängnis geworfen. Er beteuerte immer wieder seine Unschuld, aber man ließ ihn trotzdem nicht heraus. Aber selbst im Gefängnis gab Jūsuf die Hoffnung nicht auf.
Jūsuf musste viele Jahre geduldig im Gefängnis verbringen, bis er eines Tages zum König gerufen wurde.
„Man hat mir gesagt, dass du mit Gottes Hilfe Träume deuten kannst! Komm her und deute meinen Traum!“
Der König war durch Jūsufs Klugheit so beeindruckt, dass er ihn zu seinem Verwalter über die Kornkammern machte.

Als dann einmal eine große Hungersnot ausbrach, konnte Jūsuf das Korn, das er in guten Erntejahren aufgespart hatte, an die arme Bevölkerung verteilen. Unter den Bittstellern fanden sich auch seine Brüder. Sie erkannten ihren Bruder nicht, und auch Jūsuf gab sich nicht zu erkennen. Doch nun hatten sich die Rollen verkehrt: Jūsuf war der Stärkere! Alle verbeugten sich vor ihm. Rache kam ihm in den Sinn. Doch dann wollte er die Brüder auf die Probe stellen.

Als die Brüder schließlich Jūsuf erkannten, schämten sie sich sehr. Jūsuf vergab ihnen und bat sie, dem Vater ein Hemd zu bringen. Der Vater roch an Jūsufs Hemd und erkannte, dass es seinem verschollenen Sohn gehörte.
In diesem Augenblick konnte er wieder sehen.

Muhammadﷺ sagte:
„Wer stets Gottﷻ um Vergebung bittet,
dem zeigt Gottﷻ bei jeder Bedrängnis einen Ausweg,
erspart ihm jegliche Sorge und beschert ihm Versorgung in der Weise,
von der er nie gewusst und mit der er nie gerechnet hat."

Sammlung Abū Dāūd und Ibn Mādscha

- Lest die ganze Geschichte Jūsufs im Qur'ān nach: 12:4-101. Dort findet ihr auch die Sache mit dem Pokal. Vielleicht kennt sie auch schon jemand von euch?
- Erzählt einen Abschnitt aus Jūsufs Leben.
- Einigt euch auf eine besondere Szene und spielt sie nach.
- Erstellt Jūsufs Lebensweg. Markiert darin wichtige Stationen, Höhen und Tiefen seines Lebens. Findet dazu passende Wörter, die seine jeweiligen Gefühle beschreiben. Wie ging Jūsuf mit Streit, Ärger und Vergebung um?
- Welche von Jūsufs Erlebnissen passen zu anderen Geschichten, die ihr kennt oder selbst erlebt habt?
- Das Plakat links spricht von einem anderen Verhalten als die Geschichte von Jūsuf ...

„Der Friede sei mit euch!“

Und wenn jene zu dir kommen,
die an UNSERE Botschaft glauben, so sprich:
„Der Friede sei mit euch!“
Sich selbst hat euer Gott die Barmherzigkeit vorgeschrieben,
sodass ER nachsichtig und barmherzig ist,
wenn einer von euch aus Unwissenheit etwas Böses tut
und danach umkehrt und sich bessert.

6:54

- Fairer Streit ist, wenn ...
- Ihr habt in diesem Kapitel viele Ideen gesammelt und kennengelernt, wie ihr mit Streitfällen umgehen könnt. Probiert sie weiterhin aus. Ihr könnt euch verabreden, z. B. eine Woche lang zu üben. Tauscht euch danach über eure Erfahrungen aus.
- Ein Beispiel, wie ihr einen Streit gut beendet habt, könnt ihr in der Gruppe vorspielen.
- Plant eine Wandgestaltung fachübergreifend mit Kunst. Dazu braucht ihr viele DIN-A6-Karteikarten, ein großes Plakat oder eine Tapetenrolle und dicke Stifte. In roter Schrift notiert ihr einen Konfliktfall, in grüner Schrift eine Lösung. Jeder Fall, jede Lösung kommen auf eine eigene Karte. Wenn ihr die Karten anschließend nebeneinander aufklebt und das Plakat im Schulhaus aufhängt, entsteht ein farbiges Gesamtbild, das von Weitem Aufmerksamkeit erregt und von Nahem sehr lehrreich ist.
- An vielen Schulen gibt es Streitschlichter-Programme. Vielleicht möchte sich jemand von euch zu einer Streitschlichterin, einem Streitschlichter ausbilden lassen?

... WIR haben euch aus einem männlichen und einem weiblichen Wesen erschaffen und haben euch zu Stämmen und Verbänden gemacht, damit ihr einander kennenlernt ...

49:13

يَا أَيُّهَا النَّاسُ إِنَّا
خَلَقْنَاكُم مِّن ذَكَرٍ وَأُنثَىٰ
وَجَعَلْنَاكُمْ شُعُوبًا وَقَبَائِلَ لِتَعَارَفُوا
إِنَّ أَكْرَمَكُمْ عِندَ اللَّهِ أَتْقَاكُمْ ۚ
إِنَّ اللَّهَ عَلِيمٌ خَبِيرٌ ۝

Gott[ﷻ] sagt: WIR haben euch aus einem männlichen und einem weiblichen Wesen geschaffen. WIR haben euch zu großen Gruppen und Familien zusammengeführt, damit ihr euch kennenlernt.

„Jetzt wächst zusammen, was zusammengehört."

14 In Deutschland leben

Muslimisches Leben in Deutschland …

... nicht erst seit gestern!

- Über einige Personen auf den Fotos könnt ihr etwas herausfinden!
- Ordnet zu, ob die Fotos aus der Gegenwart stammen oder vergangenes Leben zeigen.
- In welchen Jahren wurden die Fotos wohl aufgenommen? Versucht zu schätzen.
- Auch auf den sehr alten Fotos könnt ihr Hinweise auf muslimisches Leben entdecken. Ihr könnt Verwandte befragen, wie das Leben in Deutschland früher war.
- Erstellt eine Collage über muslimisches Leben damals und heute.

Ich muss nachmittags auf meine kleine Schwester aufpassen, weil meine Mutter zur Arbeit geht.
Ich brauche Nachhilfe, aber meine Eltern haben kein Geld dafür.
Mein Bruder spielt mit seinem Computer, und ich muss meiner Mutter helfen.
Ich möchte gern bei meiner Freundin übernachten. Aber meine Eltern erlauben es mir nicht.
Ich lerne Karate in einem Mädchenverein. Mein Vater will, dass ich mich selbst verteidigen kann.
Mein Bruder will auch immer an meinen PC, aber nur zum Spielen. Ich lass ihn nicht.
Fabian und Marcel wollen nicht mit mir spielen. Sie sagen, dass ich ein Ausländer bin.
Ich bin der beste Fußballspieler in unserem Fußballverein.
Meine Schwester ist ein Sprachgenie. Sie kann deutsch, türkisch, arabisch, englisch, afghanisch, französisch und kölsch sprechen.
Ich habe beim Mathe-Wettbewerb unserer Schule den ersten Platz belegt.
Als ich das erste Mal einen Tag durchgefastet habe, hat meine Familie einen ganz besonderen Iftar für mich gestaltet.
Stefan ärgert mich wegen meines Kopftuches. Er nennt mich Putzfrau.

Lebenswelten wahrnehmen

Ich ziehe meine Kreise

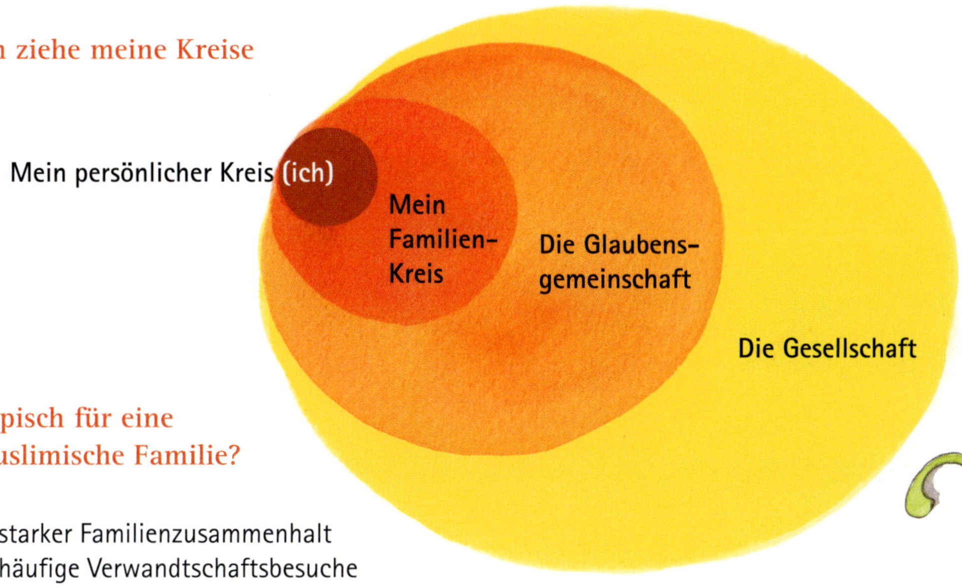

Typisch für eine muslimische Familie?

- starker Familienzusammenhalt
- häufige Verwandtschaftsbesuche
- gegenseitige Kontrolle
- strenge Mädchenerziehung
- Mütter bestimmen innerhalb der Familie
- Väter bestimmen außerhalb der Familie
- wenig Distanz zwischen den Familienmitgliedern
- Ängste
- Gemütlichkeit
- Sauberkeit
- verwöhnte Söhne
- Gastfreundschaft
- modische Kleidung
- viele Feste
- Freizügigkeit
- viel Freizeit
- Einsatz für andere
- wenig Hobbys

Was passt?

Was passt nicht?

Was ist anders?

- Hier sind vier Kreise abgebildet. Diese Gruppen und Bereiche spielen im Leben eines Menschen eine Rolle. Du kannst in einer Tabelle mit vier Spalten auflisten, was du in diesen Kreisen machst.
- Überlegt in Zweiergruppen: Welche Zusammenhänge gibt es zwischen den Kreisen?
- Umrande in deiner Tabelle mit Farbe, wo du den Kreis „meine Freunde" siehst.
- Eure Meinungen zu den Fragen „Typisch ...?" könnt ihr ganz einfach zeigen, wenn ihr rote (Ablehnung) und grüne Karten (Zustimmung) hochhaltet.

Lebenswelten erleben

Allāhu karīm

T/M: Bernd Ridwan Bauknecht

Es ist nicht immer leicht
zu entscheiden, was es heißt
zu entscheiden, wer du bist
zu entscheiden, was es ist

Ist es gut oder schlecht?
Hast du unrecht oder recht?
Geh ich auf dem g'raden Pfad?
Ja ich brauche deinen Rat
Allāh-u karīm, Allāh-u karīm, Allāh-u karīm, Allāh-u karīm …

Allah zeigt uns den Weg
ohne Klagen ohne Flehen
Allah ist edel und kostbar
und das Schöne ist so nah

In der Schule gibt's mal Stress
doch wir checken es
denn wir haben ein Ziel
und es ist kein Spiel

Vater, Mutter arbeiten hart
Jeder sucht hier seinen „part" (englisch für Platz, Anteil)
Es ist eine Welt der Verbote
Lernt doch erst mal die Gebote
Allāh-u karīm, Allāh-u karīm, Allāh-u karīm, Allāh-u karīm …

Lasst uns miteinander gehen
und einander gut verstehen
Lasst uns Gutes tun
und gemeinsam ist es gut
Allāh-u karīm, Allāh-u karīm, Allāh-u karīm, Allāh-u karīm …

- Nur der Teil „Allāhu karīm" wird gesungen. Der restliche Text wird „gerappt" – also als Sprechgesang gestaltet.
- Erfindet weitere Strophen. Bildet dabei Reime (Loser – Bruder, Geld – Welt usw.)

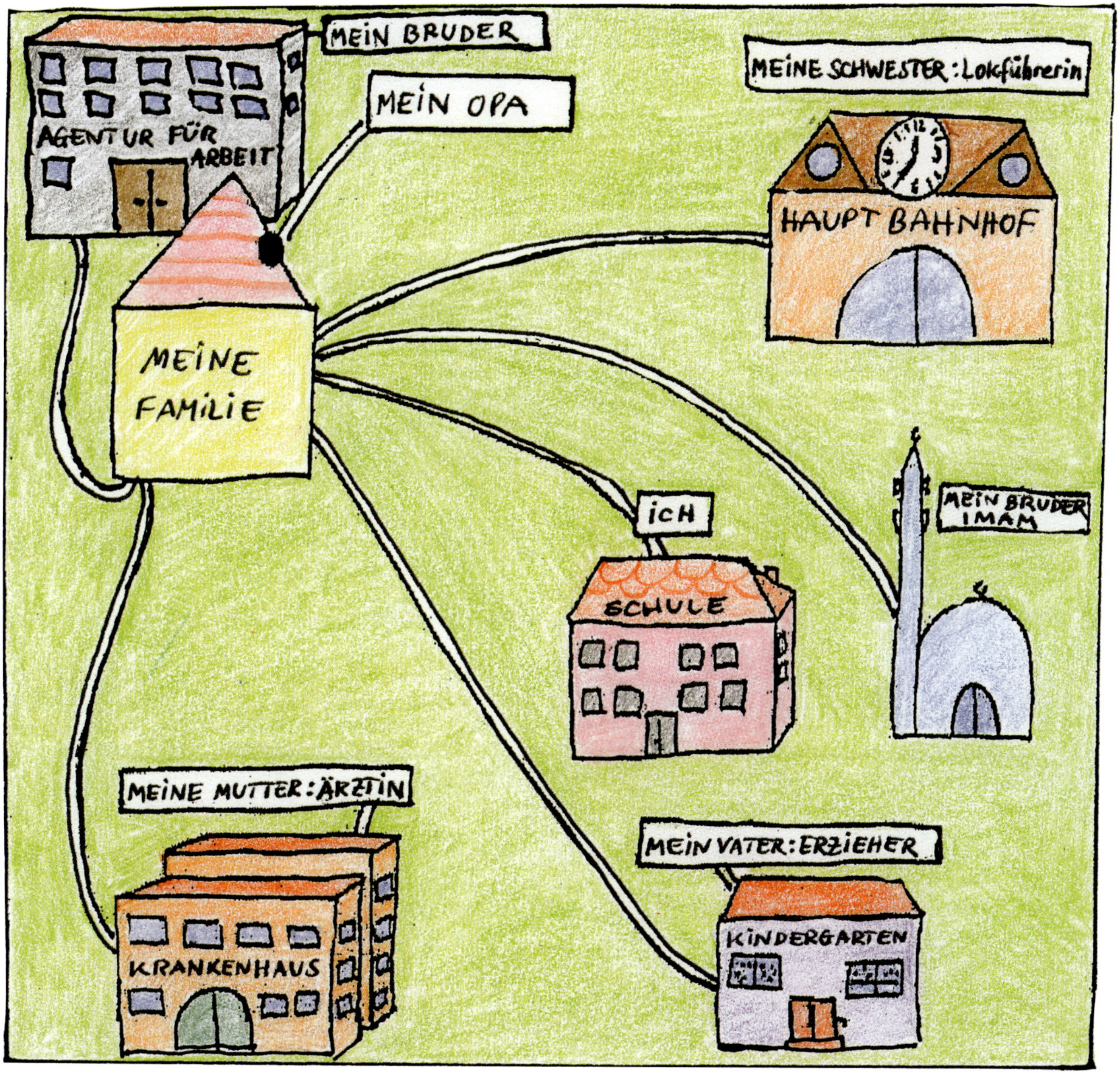

- Die Gebäude auf der Zeichnung haben etwas mit dir etwas zu tun! Welche Gebäude würdest du auch auf einen eigenen Plan zeichnen? Welche Gebäude fehlen im Buch, die in deinem Leben aber wichtig sind?
- Stellt euch eure Pläne gegenseitig in der Klasse vor.
- Wie könnte euer gemeinsamer Plan aussehen?

Glaube verbindet

Der Islam verpflichtet die Muslime zum Frieden. Die Friedenspflicht gilt ohne Ausnahme jedem Menschen gegenüber. Manchmal erlebt man aber Dinge, die zu Unfrieden führen können. Am friedlichen Zusammenleben mit dem anderen aber genau dann festzuhalten, wenn man am liebsten zuhauen würde, erfordert harte Arbeit an sich selbst. Wie schwer das fallen kann, hat Muhammad ﷺ einmal mit diesem Vergleich ausgedrückt:

> Es kommt eine Zeit,
> in der sich die Geduld im Glauben so anfühlt,
> als würdest du ein Stück glühender Kohle
> in den Händen halten.
>
> *Berichtet von Anas, Sammlung Tirmidhī*

Eine Quelle für Unfrieden ist soziale Ungerechtigkeit. Eine der wichtigsten Regeln ist darum die Pflichtabgabe (*sakā*). Sie gehört zu den fünf Grundpfeilern des Islams; sie gilt dauerhaft und unabhängig davon, ob man gerade Lust dazu hat oder nicht: Wer genug hat, gibt denen ab, die nicht genug haben:

- armen Menschen,
- Menschen ohne Zuhause oder ohne Heimat,
- verschuldeten Mitmenschen, die in unerträglicher Abhängigkeit von anderen leben,
- Muslimen oder Nicht-Muslimen.

Sadaqa ist eine freiwillige Abgabe an alle armen und bedürftigen Menschen. Es kann auch eine gute Tat sein, ein freundliches Wort oder ein Lächeln.

- ◆ Du kennst aus eigenem Erleben Situationen, in denen es unmöglich zu sein scheint, friedfertig zu bleiben. Beschreibe sie; denke dabei über die möglichen Ursachen nach! Vielleicht fällt dir ein, was schon im Vorfeld geschehen muss, damit es gar nicht zur Auseinandersetzung kommt.
- ◆ Der Islam rät zu Verhaltensweisen, die im engeren zwischenmenschlichen Bereich (Familie, Nachbarschaft, Freundeskreis ...) zum Frieden führen. Der Qur'ānvers auf dem Titelblatt zu Kapitel 12 (*Saphir* Seite 135) enthält ein paar wichtige Regeln. Auch auf den Seiten 36, 84, 86, 102 und 103 findet ihr weitere Informationen dazu.
- ◆ Wenn der Glaube verbindet, dürfen Muslime dann mit Menschen anderen Glaubens:
  - Freundschaft schließen?
  - untereinander gütig und sanft sein?
  - Geschenke austauschen?
  - ihre Freizeit zusammen verbringen?
  - miteinander feiern?
  - gegenseitig Pflichten erfüllen?

  Bildet Gruppen und beantwortet diese Fragen. Vergesst nicht, eure Meinung zu begründen.
  Ihr könnt die Fragen auch anderen Leuten in einem Interview stellen. Überlegt, wen ihr fragen könnt, und präsentiert eure Ergebnisse in der Klasse.
- ◆ Was kann muslimische und nicht-muslimische Lebenswelten noch verbinden? Ergänzt die Liste um weitere Ideen!
- ◆ Die Pflichtabgabe (*sakā*) gehört zusammen mit dem Glaubenszeugnis (*schahāda*), dem Gebet (*salā*), dem Fasten (*saum*) im Monat Ramadān und der Wallfahrt nach Mekka zu den fünf Grundpfeilern des Islams. Ihr könnt selbst herausfinden, wer genau wie viel an Pflichtabgabe geben muss und ob das auch euch und euer Taschengeld betrifft! Mit einer Suchmaschine findet ihr im Internet einen Zakah-Berechner.

Ismail Mohr

Artikel 4 des Grundgesetzes: Glaubens-, Gewissens- und Bekenntnisfreiheit

(1) Die Freiheit des Glaubens, des Gewissens und die Freiheit des religiösen und weltanschaulichen Bekenntnisses sind unverletzlich.

(2) Die ungestörte Religionsausübung wird gewährleistet.

Keinen Zwang in der Religion! Jeder kann den geraden Weg vom krummen unterscheiden. Wer die falschen Götter lässt und an Gott glaubt, der hat festen Halt – es gibt kein Zerreißen. Gott hört und weiß.

2:256

- Formuliert die Gesetzessprache in eigene Worte um.
- Welche Auswirkungen hat Artikel 4 des Grundgesetzes auf das Zusammenleben von Menschen mit unterschiedlichen Religionen in Deutschland?
- Welche Auswirkungen hat der Qur'änvers auf das Zusammenleben von Menschen mit unterschiedlichen Religionen in Deutschland?
- Stellt euch vor, diese Freiheiten wären nicht garantiert. Welche Auswirkungen hätte das für euer Leben? Was meint ihr: Lohnt es sich, sich für diese Rechte einzusetzen?

In Vielfalt glauben

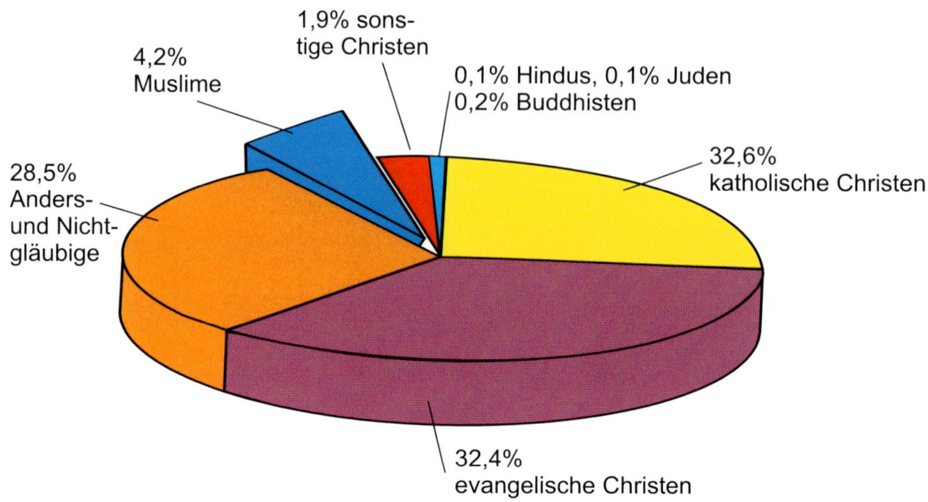

Die Schülerinnen und Schüler der Klasse 6b haben eine Religionslandkarte für ihre Schule erstellt.
Dafür haben sie die anderen Kinder und Jugendlichen befragt, welcher Religionsgemeinschaft sie angehören. Ihre Arbeit wurde dadurch einfacher, dass sie in einer Liste alle Religionsgemeinschaften, die sie kannten, aufgeschrieben haben.

Viele Fotos, Symbole, Zeichnungen von Gegenständen, Interviewausschnitte und vieles mehr waren Teil dieser Religionslandkarte.
Eine Religionslandkarte von eurer Schule wäre eine spannende Sache!

- In Deutschland leben Menschen, die sich zu unterschiedlichen Religionen bekennen. Wie viele es sind und welche Religionen es in Deutschland gibt, könnt ihr an der Grafik erkennen.
- Für Spezialisten: Die Unterschiede zwischen katholischen und evangelischen Christen könnt ihr herausfinden, wenn ihr eure Mitschüler/innen befragt. Auch die Stichwörter „Vatikan" und „Martin Luther" in einem Lexikon geben Auskunft.
- Welche Religionen sind in eurer Stadt vertreten? Wie viele Gläubige gehören jeweils dazu? Es gibt verschiedene Wege, diese Informationen zu erhalten: Rathaus, Internet …
  Es gibt unterschiedliche Möglichkeiten, eure Ergebnisse auf einem Poster zu präsentieren: Tortendiagramm, Balkendiagramm, Tabellen, religiöse Symbole in relativen Größen …
- Manche der Abbildungen rechts kannst du verschiedenen Religionen zuordnen. Andere haben nichts mit Religion zu tun.
- Erzählt euch in der Gruppe oder in der ganzen Klasse, was ihr schon über die abgebildeten Menschen, Symbole oder Gegenstände wisst.

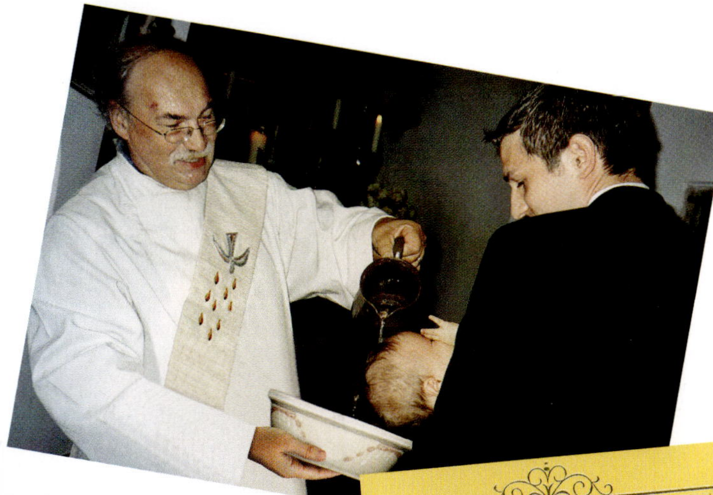

Herzlichen Glückwunsch
zum Muttertag

Lieben
Valentinsgruss

Ein interreligiöser Kalender

- Beschafft euch die Daten des laufenden oder des nächsten Schuljahres und tragt die religiösen Festtage in einen Kalender ein.
- Habt ihr die Feiertage aller Religionsgemeinschaften, die es an eurer Schule gibt, berücksichtigt?
- Ihr könnt Grußkarten auch im Internet finden oder eigene gestalten.

Ihr Kinder Adams! Legt bei jeder Kultstätte euren Schmuck an und esst und trinkt. Und seid dabei nicht verschwenderisch, denn Gott ﷻ liebt diejenigen nicht, die nicht maßhalten.

7:31

Von Herzen dürft ihr feiern und euch dafür schön machen, aber übertreibt nicht.

يَا بَنِيٓ ءَادَمَ
خُذُوا۟ زِينَتَكُمْ عِندَ كُلِّ
مَسْجِدٍ وَكُلُوا۟ وَٱشْرَبُوا۟ وَلَا
تُسْرِفُوٓا۟ ۚ إِنَّهُۥ لَا يُحِبُّ ٱلْمُسْرِفِينَ ۝

Feste feiern, wie sie fallen!

15 Warum und wie wir feiern

Rhythmus des Lebens

- Geburt, Sportverein, Ramadanfest, Beschneidung, Unterricht, Heirat, Abendessen, Hadsch, Jahreswechsel, Schlafen, Opferfest, Beerdigung, Geburtstag, Hausaufgaben: Sortiert, welche Ereignisse einmal in eurem Leben, einmal im Jahr, einmal am Tag stattfinden. Bestimmte Ereignisse hängen von der Sonne, andere vom Mond ab.
- Legt eine Tabelle an und ordnet zu: Welche Feste hängen mit der Religion zusammen, welche nicht?
- Soll man Geburtstag feiern? Manche Muslime meinen: Das ist nicht islamisch. Wie denkt ihr darüber?
- Silvester wird auf allen Kontinenten gefeiert. Findet heraus, wann Silvester mit dem islamischen Neujahrsfest zusammenfällt.
- Vergleicht die Tages-, Wochenpläne und Jahresplanungen eurer Mitschülerinnen und Mitschüler. Welche Rhythmen erkennt ihr darin?
- In den Fächern Musik und Sport könnt ihr verschiedene Rhythmen ausprobieren und damit Stimmungen ausdrücken.
- Sucht euch zwei Wortpaare aus dem Bild und stellt sie musikalisch oder künstlerisch dar.

Paul Klee, o. J.

Bindung

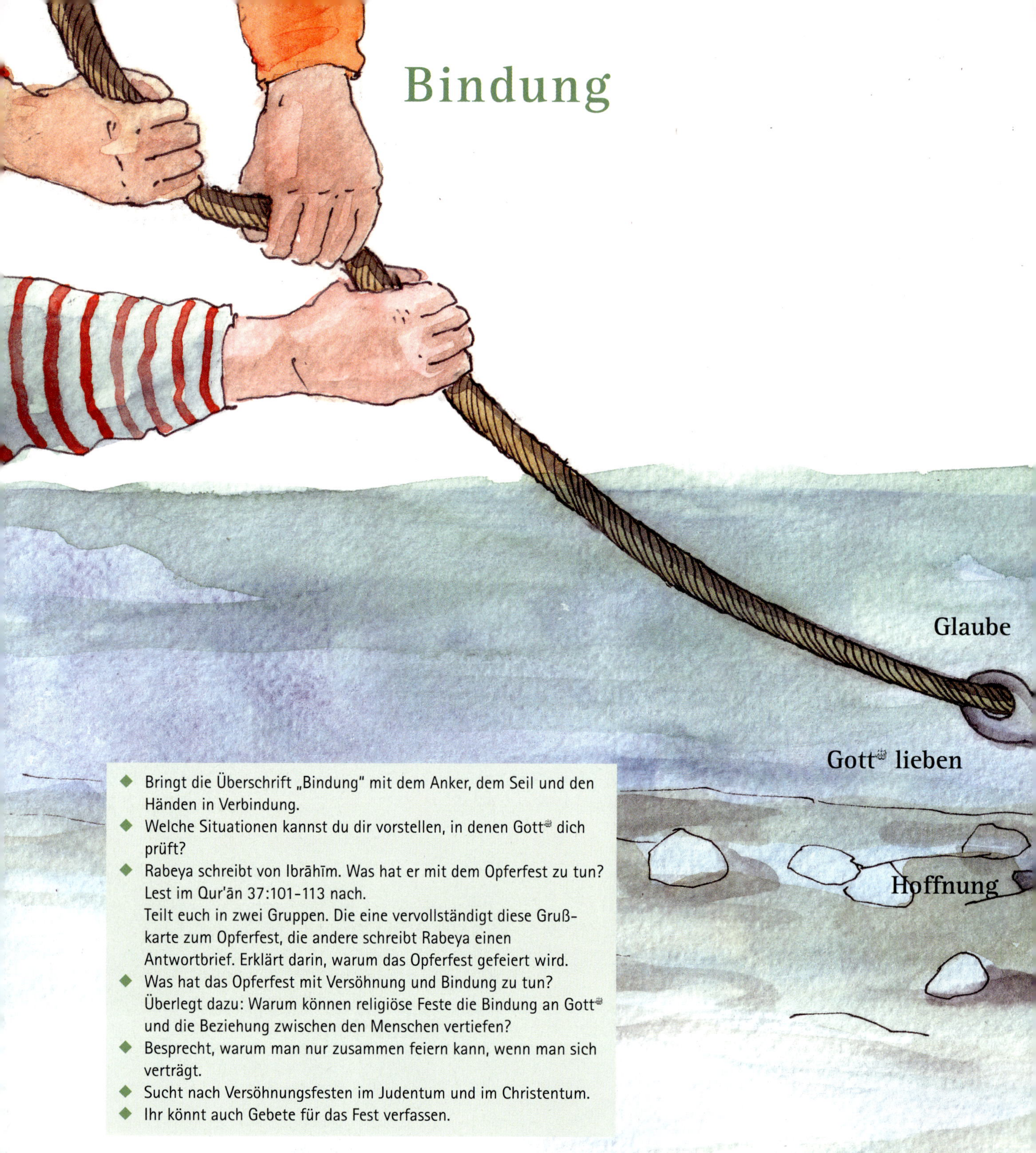

- Bringt die Überschrift „Bindung" mit dem Anker, dem Seil und den Händen in Verbindung.
- Welche Situationen kannst du dir vorstellen, in denen Gottﷻ dich prüft?
- Rabeya schreibt von Ibrāhīm. Was hat er mit dem Opferfest zu tun? Lest im Qur'ān 37:101-113 nach.
  Teilt euch in zwei Gruppen. Die eine vervollständigt diese Grußkarte zum Opferfest, die andere schreibt Rabeya einen Antwortbrief. Erklärt darin, warum das Opferfest gefeiert wird.
- Was hat das Opferfest mit Versöhnung und Bindung zu tun? Überlegt dazu: Warum können religiöse Feste die Bindung an Gottﷻ und die Beziehung zwischen den Menschen vertiefen?
- Besprecht, warum man nur zusammen feiern kann, wenn man sich verträgt.
- Sucht nach Versöhnungsfesten im Judentum und im Christentum.
- Ihr könnt auch Gebete für das Fest verfassen.

Und haltet allesamt
an Gottesﷻ Seil fest,
und zersplittert euch nicht!

3:103

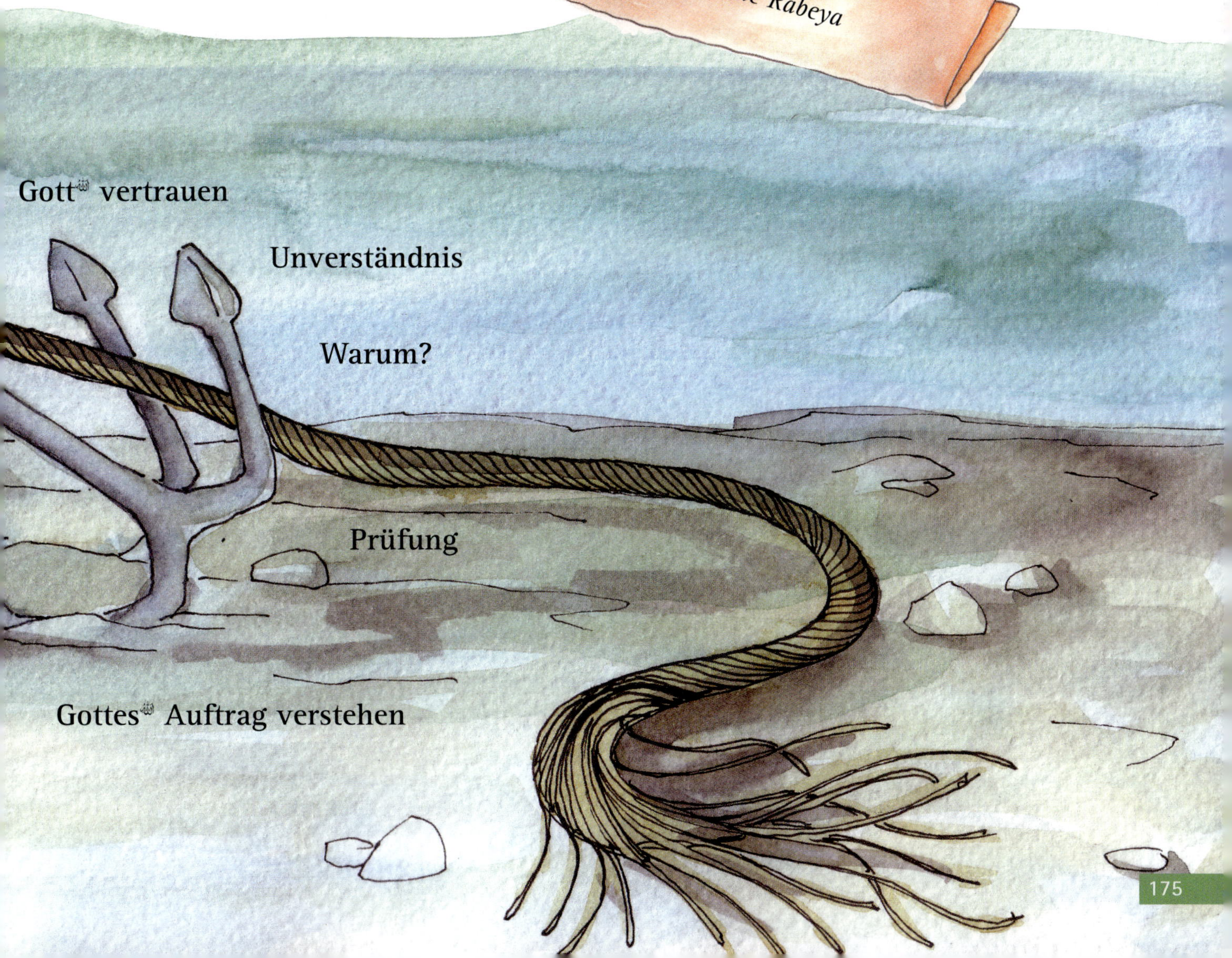

Ein ganz besonderes Fest

Miyesser schreibt in ihr Tagebuch:

Die Absicht (Niyat)

Das Fasten endet, wenn die Sonne untergegangen ist.

Das Fasten beginnt vor der Morgendämmerung.

Keine Schimpfwörter sagen
Nicht wütend werden

Liebes Tagebuch,
morgen ist Bayram. Ich bin schon total aufgeregt! Diesmal ist es für mich ein ganz besonderes Fest! Ich habe dieses Jahr zum ersten Mal fast alle Tage gefastet!
Fasten, so hat mir meine Oma erklärt, ist sinnvoll: Es hilft, sich selbst zu kontrollieren; wir können besser verstehen, wie sich Menschen fühlen, die wenig oder gar nichts zu essen haben, und verstehen dann auch besser, warum wir von dem abgeben müssen, was wir haben. Das habe ich auch ganz deutlich gemerkt, als ich von Sonnenaufgang bis Sonnenuntergang nicht gegessen und nicht getrunken habe. Meine Oma hat gesagt, dass wir deshalb morgen beim Bayram-Frühstück bei ihr ganz besonders feiern werden. Was das wohl heißen mag? Ich möchte es dieses Jahr endlich einmal schaffen, vor meinen Eltern aufzustehen und ihnen einen „Guten-Morgen-Kaffee" zu machen und ans Bett zu bringen.
Hoffentlich klappt das mit der neuen Kaffeemaschine!

Liebes Tagebuch,
ich bin heute morgen sehr früh aufgestanden. Ich habe es vor meinen Eltern geschafft und ihnen um 5.00 Uhr den Kaffee gebracht! Sie sahen ziemlich verschlafen aus, aber haben sich sehr darüber gefreut. Nachdem sie den Kaffee getrunken hatten, haben wir uns noch mal hingelegt, da es noch viel zu früh war. Und schön ist auch, dass ich heute nicht in die Schule brauche!
Als ich dann um 8.00 Uhr aufgewacht bin, war unser Esszimmer geschmückt! Mit vielen Luftballons und Girlanden! Wann haben sie das denn wieder gemacht? Und mein Vater hatte auch schon Blumen besorgt! Um 9.00 Uhr sind wir zu Oma gefahren. Meine Tanten, Onkel und auch meine Cousine und meine Cousins waren da. Um 10.00 Uhr geht mein Papa ja zur Moschee zum Bayram Namazi. Dort geben die Leute auch das Spendengeld ab. Wir haben meiner Oma geholfen, das Frühstück vorzubereiten. Ich gehe dann immer die frischen Brötchen kaufen. Im Blumenladen habe ich noch Omas Lieblingsblumen besorgt. Gut, dass mir das noch eingefallen ist!
Das Frühstück ist immer so schön! Alle sind da und reden wild durcheinander!
Aber diesmal war es noch schöner! Plötzlich kamen meine Mutter und meine Oma mit einer geschmückten Torte: Auf der Torte steckten Wunderkerzen! Alle haben mir gratuliert, dass ich in diesem Jahr so viele Tage gefastet habe! Das war toll!

Ich fühlte mich auch super, so als hätte ich was ganz Besonderes getan! Habe ich ja auch. Das Fasten war sehr anstrengend! Aber schön!
Dann haben wir die Geschenke ausgetauscht! Meine Tante schenkt mir immer Bücher und Lern-DVD's, das spricht sie bestimmt mit meiner Mutter ab, die bekommt ja immer meine Wunschliste. Mein Onkel hat uns einen Kinogutschein geschenkt. Da muss ich bald mit ihm verabreden, wann wir zusammen hingehen.
Von meiner Oma habe ich Geld geschenkt bekommen. Bald habe ich die Summe für mein neues Fahrrad zusammen.
Das Schönste war das Geschenk von meinen Eltern: ein MP3-Player, den ich mir schon so lange gewünscht habe. Ich werde morgen gleich mit Marie telefonieren, dann kann ich bestimmt Musik von ihr bekommen.
Mittags sind wir mit meinen Freundinnen losgegangen. Wir haben bei allen Bekannten und Freunden geklingelt und ihnen zum Bayram gratuliert! Von Nour hatte ich ja gelernt, dass das Fest auf Arabisch „Id-ul-Fitr" und der Wunsch „Id mubarak" heißt. Wenn wir den Älteren gratuliert haben und denen die Hände geküsst haben, haben sie uns Süßigkeiten und Geld geschenkt. Ich habe schon ganz schön viele Ein-Euro-Stücke zusammen.
Abends haben wir bei meinen anderen Großeltern gegessen und dort gefeiert. Meine Mama hat Baklava, die sie mit meiner Oma gemacht hatte, mitgenommen. Das Zeug ist so süüüüüüßßßßßßßßßß, aber lecker! Auch dort waren viele Verwandte zu Besuch. Ich habe wieder ganz viele Geschenke bekommen!
Der Tag hat mich ganz schon geschafft. Aber morgen geht es weiter!
Das ist so toll, dass Ramazan Bayram 3 Tage dauert!
Morgen werden wir sogar in der Schule feiern. Mama und Papa und Frau Langner haben abgesprochen, dass wir mit der gesamten Klasse feiern. Meine Eltern haben schon Kuchen und Obst zusammengepackt. Ich freue mich schon. Ich finde es schön, dass wir auch unsere Bayram wie die anderen Feste alle zusammen feiern.
Nach der Schule gehe ich zu Nour, dann darf ich auch mit ihrer Familie feiern. Ihre Eltern kommen aus Tunesien. Ob sie wohl genauso feiern wie wir?

Die Mahlzeit des Fastenbrechens am Abend (Iftar)

Das Frühstück im Ramadan (Zahur)

Nicht essen
Nicht trinken
Nicht rauchen

- Berichtet, wie das Fest am Ende des Ramadan bei euch gefeiert wird.
- Wie läuft ein Fastentag ab? Schreibt die Begriffe von den Zetteln in der richtigen Reihenfolge auf.
- Berichtet in der Klasse, was ihr zu den einzelnen Begriffen wisst.

Feste feiern, wie sie fallen

Religiöse Feste sind eine gute Möglichkeit, sich besser kennenzulernen. Das gilt besonders für ein gemeinsames Fest mit Angehörigen einer anderen Religion. Hier könnt ihr Unterschiede beobachten und dennoch Verbindendes entdecken. Schon die gemeinsame Vorbereitung ist lehrreich und spannend!

Folgende Punkte können euch helfen, ein Fest gemeinsam mit euren andersgläubigen Mitschülerinnen und Mitschülern zu gestalten:

1. Ideen sammeln, Entscheidungen treffen:
Welches Fest, welche Begebenheit wollt ihr feiern?
Wollt ihr eurer Feier ein besonderes Motto geben?
Welche Gruppen/Klassen sollen mit euch vorbereiten und feiern? (Wenn es ein ähnliches Fest bei den anderen gibt und ihr einen Vergleich anstellen wollt, müsst ihr bei der Vorbereitung gut zusammenarbeiten!)
Was könnte die Ethik-Gruppe beitragen?
Wen wollt ihr evtl. noch einladen? (Eltern, Vertreter der Glaubensgemeinschaften oder Politik, die Klasse einer Nachbarschule?)

2. Arbeitsgruppen bilden
Die Islam-Gruppe aus der 6a und 6c hat AGs gebildet, die ihr auf den Plakaten seht.
Je nachdem, welches Fest *ihr* vorbereitet, werdet ihr andere Aufgaben verteilen.
Wählt AG-SprecherInnen, die sich zwischendurch austauschen, was die AGs tun, wie es ihnen dabei geht und wo Zusammenarbeit nötig ist.

Bei der Vorbereitung eines Festes werden manchmal Erinnerungen und Gefühle wach. Dann könnt ihr eine Pause einlegen, um über eure Erfahrungen während der Vorbereitung zu sprechen.

3. Einen Zeitplan aufstellen
Auf einer Stellwand oder der großen Seitentafel tragt ihr eure AGs ein.
Überlegt, wie viele Stunden die AGs für ihre Vorbereitungen brauchen und was ihr außerhalb der Schulstunden machen könnt.
Tragt auch den Termin eures Festes ein!
Und notiert, wann ihr anschließend an euren Ergebnissen weiterarbeiten wollt.

Man sollte öfter einmal Feste feiern,
und nicht erst dann, wenn eines fällt.
Man kann nie ohne Gäste feiern,
aber doch wohl ohne Geld!
Ein nettes Fest heißt: Frieden suchen.
Ein anderes heißt: Dankeschön.
Das ist das Fest ohne Käsekuchen,
wo wir den anderen besser sehn.
Ich könnt euch noch viele andre nennen,
doch halt, ich denke: Ihr versteht.
Man muss ein Fest auch feiern können,
das gar nicht im Kalender steht.

4. Das Fest vorbereiten ...

Vergesst nicht, über den Grund des Festes zu sprechen! Eine Idee: Ein christliches Kind stellt euer islamisches Fest vor; jemand von euch stellt das ähnliche christliche Fest vor.

5. ... und nachbereiten

Geschafft! Ihr habt viel davon, wenn ihr nach dem Fest auf eure Erfahrungen zurückblickt. Hilfreich ist es, wenn ihr Notizen über positive und negative Eindrücke an der Tafel sortiert:

- Was lief gut?
- Worauf möchten wir beim nächsten Mal noch besser achten?
- Was wollen wir neu ausprobieren?

In Rhythmen feiern

Abendmahlzeit am 8. Tag des Pilgermonats in Mekka

Typische Kleidung und Speisen gehören zum Feiern.

Beim Ramadanfest in den USA

- Die Fotos stammen von islamischen Festen in verschiedenen Ländern. Tragt zusammen, was zu einem gelungenen Fest gehört. Vielleicht könnt ihr in Erfahrung bringen, warum und wie einige der Feste gefeiert werden.
- Wenn ihr schon einmal ein Fest im Ausland mitgefeiert habt: Erzählt euch davon!
- Über Feste in anderen Religionen habt ihr schon viel zusammengetragen und gelernt. Schaut noch einmal im *Saphir* nach auf den Seiten 169 und 170, 178 und 179.
- Vielleicht wollt ihr am Ende des Schuljahres ein Dankfest mit euren MitschülerInnen feiern? Dann könnt ihr den Religions-, Deutsch-, Musik- und Kunstunterricht einbeziehen.
- Wer von euch möchte ein Gedicht oder Lied texten wie Musa?

Sehr haben wir uns gefreut
Auf das große Fest heut.
Die Familie kommt zusammen,
Geschenke haben wir bekommen,
groß und klein,
doch so viel soll es gar nicht sein!

Lieber Gott[ﷻ], wir danken dir,
für das schöne Fest.
Danke, dass es sich hier
so gut feiern lässt.

Musa, 11 Jahre

Eine syrische Hochzeit wird gefeiert.

Im Ruhrgebiet wird das Opferfest vorbereitet.

Am Abend eines Festes in Marokko

Ein traditioneller Tanz der Frauen ...

... und der Männer im Oman

Lexikon

A

Abū Bakr → Kalif
ʿAlī → Kalif
Allāhﷻ → Gottﷻ
Auferstehung → Jenseits

Auswanderung

arab. *hidschra* (هجرة); türk. *hicret*
Wer auswandert, verlässt sein Heimatland für immer. Kriege und andere Notlagen (Arbeitslosigkeit, Hungersnot) können Menschen vor die Entscheidung stellen, ihre Heimat zu verlassen und in einem anderen Land Sicherheit und Versorgung zu suchen („Migration"). Dort werden sie „Einwanderer" („Immigranten") genannt. Sie machen keinen Urlaub, sondern wollen ihre Lebenssituation verbessern. Dazu müssen sie sich an neue Lebensweisen gewöhnen und eine neue Sprache lernen. Ab 1956 verließen viele Menschen aus Italien, der Türkei und anderen Ländern ihre Heimat und kamen nach Deutschland, weil sie als Arbeitskräfte gebraucht wurden.
Menschen verlassen ihre Heimat entweder freiwillig oder aus Zwang. Wenn sie mit Gewalt dazu gezwungen werden, spricht man von „Vertreibung".
Auch die ersten → Muslime verließen im Jahr 615 → Mekka, weil sie verfolgt wurden. → Muhammadﷺ blieb damals in Mekka zurück. Die Muslime fanden Zuflucht in Äthiopien, das von einem christlichen König regiert wurde. Sie konnten aber wenig später nach Mekka zurückkehren. Im Jahr 622 wanderten sie in die Stadt Yathrib (heute Medina) aus – diesmal gemeinsam mit Muhammadﷺ.
Mit dieser Auswanderung begann das Jahr 1 der „Hidschra", der islamischen Zeitrechnung.

B

Bibel → Offenbarung
Bittgebet → Gebet

C

Christentum

arab. *ad-dīn an-nasrānī* (الدين النصرانيّة); türk. *hiristiyanlik*
Mit dem Wort „Christentum" wird die christliche Religion bezeichnet. Die Anhänger dieser → Religion bezeichnen sich als „Christinnen und Christen". Sie glauben daran, dass es nur einen → Gott gibt. Die Bezeichnung bezieht sich auf Jesus von Nazaret. Jesus wurde um das Jahr 0 geboren (Weihnachten) und lebte in Palästina zur Zeit der römischen Herrschaft. Er wird von den Christen „der Christus" genannt. Das ist ein besonders ehrenvoller Titel und bedeutet „der Gesalbte". Im Christentum wird Jesus als Mensch gewordener Sohn Gottes verehrt.
Das Heilige Buch der Christen heißt → „Bibel". Die Bibel besteht aus zwei Teilen: dem „Alten Testament" (→ Judentum) und dem „Neuen Testament". Im Neuen Testament wird von Jesus Christus und den ersten Christen erzählt. Dort wird auch geschildert, wie Jesus am Kreuz hingerichtet wurde und am dritten Tag nach seinem Tod von Gott auferweckt wurde. Daran wird jedes Jahr mit dem Osterfest erinnert, dem wichtigsten christlichen Fest.
Das Kreuz als Symbol hat für die Christen deshalb eine besondere Bedeutung; es steht für:
- den Glauben an den Kreuzestod und die Auferweckung Jesu,
- den Sieg über den Tod und die Hoffnung der Menschen auf das → Jenseits,
- den Glauben an die Dreieinigkeit: „Gott Vater", „Gott Sohn" und „Gott Heiliger Geist",
- das Vertrauen der Menschen in die Liebe Gottes und
- den Auftrag zur Nächstenliebe zwischen den Menschen.

Siehe auch → Gemeinschaft, → Judentum und → Offenbarung.

D

Diesseits → Jenseits
Duʿā' → Gebet

E

Engel

arab. *malak* (ملك); türk. *melek*
Mit „Engel" werden Wesen bezeichnet, die den Befehl Gottesﷻ **ausführen und die als Boten Gottes**ﷻ **zu den Menschen kommen.** Das deutsche Wort „Engel" stammt von dem griechischen Wort *angelos* („Bote") ab. Der Glaube an Engel ist unter vielen Menschen, in vielen Ländern und in vielen → Religionen weit verbreitet. Eine besondere Rolle spielt dabei die Vorstellung, dass Engel den Menschen beschützen („Schutzengel"). In einigen Religionen sind die Namen, die Eigenschaften und die Aufgaben be-

stimmter Engel überliefert. Im Qur'ān lässt sich nachlesen, dass Engel → Gottﷻ gegenüber gehorsam sind. Sie sind aus Licht erschaffen und unsterblich. Engel haben Flügel und sind für die Menschen unsichtbar. Es gibt unzählbar viele Engel. Sie begleiten die Menschen und tun, was Gottﷻ ihnen aufträgt. Siehe auch → Gesandter und → Qur'ān.

Erlaubtes

„Erlaubtes" arab. *halāl* (حلال), türk. *helal;* „Verbotenes" arab. *harām* (حرام); türk. *haram*

Im Islam ist alles erlaubt, was keinen Schaden anrichtet und was nicht ausdrücklich verboten ist. In vielen → Religionen gibt es Regeln für das Leben. Einige dieser Regeln betreffen Essen und Trinken. Der → Islam verbietet zum Beispiel, Alkohol und andere Rauschmittel zu sich zu nehmen oder Schweinefleisch zu essen. Das wird im Islam als *harām* bezeichnet. Essen und Getränke, die gut und gesund sind und die keiner bestimmten religiösen Regel widersprechen, werden im Islam als *halāl* bezeichnet.

Nicht immer lässt sich eindeutig beantworten, ob etwas *halāl* oder *harām* ist. Dann muss, wie zum Beispiel beim Rauchen, gefragt werden, ob der Nutzen oder der Schaden größer ist. Auch Übertreibung und Missbrauch können aus erlaubten Handlungen verbotene machen, zum Beispiel so viel zu spenden, bis man selbst arm ist.

Schlecht ist auch, gute Dinge zu tun, nur um damit anzugeben. Im Islam gelten also nicht einfach nur starre Grenzen zwischen Erlaubtem und Verbotenem, sondern wichtige Regeln, zum Beispiel:

- Denke darüber nach, was du tust!
- Überlege, warum du es tust!
- Tu es, wenn es vernünftig und gut ist, aber übertreibe dabei nicht!

F

Fasten

arab. *saum* (صوم); türk. *oruc*

Wer fastet, verzichtet für einen bestimmten Zeitraum teilweise oder vollständig auf Essen, mitunter auch auf Trinken. Das deutsche Wort „fasten" stammt vom gotischen Wort *fastan* ab, was so viel wie „einen Knoten machen" bedeutet. Fasten wird in vielen → Religionen praktiziert und steht oft im Zusammenhang mit der Vorbereitung auf ein großes religiöses Fest. Regelmäßig wiederkehrende religiöse Fastenzeiten bedeuten also für die Menschen,

- ihre Bindung zu Gottﷻ oder zur Natur, aber auch zu sich selbst zu festigen,
- ihre Willenskraft und Konzentration zu schulen und
- eine religiöse Pflicht zu erfüllen.

Fasten spielt für viele Menschen auch eine Rolle bei der Bewältigung von Trauer und Verlust, als Ausdruck von Protest (Hungerstreik) und bei Fragen der körperlichen Gesundheit (Heilfasten). Die Zeit des Fastens heißt im Islam „das Anhalten" (*saum*) des normalen Tagesablaufs oder auch „die Stille" (*samt*). Sie liegt im neunten Monat (*ramadān*) des islamischen Mondjahres. Der Ramadan beruht auf dem Fastengebot im → Qur'ān und dauert etwa 29 Tage. Vor dem Beginn der Morgendämmerung wird eine kleine Mahlzeit eingenommen, der *sahūr*. Dann wird bis zum Sonnenuntergang nicht gegessen und getrunken. Bei Sonnenuntergang wird das Fasten mit einer leichten Mahlzeit (*iftār*) beendet; man sagt dazu auch „das Fasten brechen". Abends und in der Nacht wird mehr als sonst gebetet und → Qur'ān gelesen, vor allem in der Moschee. Der Ramadan endet mit dem Ramadanfest (*ᶜīdul-fitr*).

Friedensgruß

arab. *sālam* (سلام); türk. *selam*

Mit dem Friedensgruß ist eine bestimmte Art des Grüßens gemeint: Anderen gegenüber wird der Wunsch, aber auch die Aufforderung zu Frieden und Vergebung zum Ausdruck gebracht. Der Friedensgruß wird zu besonderen Gelegenheiten ausgesprochen, zum Beispiel zum Ende eines gemeinschaftlichen Gottesdienstes oder → Gebets. In vielen Sprachen und → Religionen sind verschiedene Formen des gesprochenen Friedensgrußes oder entsprechender Gesten auch im Alltag verbreitet. Juden beispielsweise begrüßen sich mit dem Friedensgruß „Schalom". Durch bestimmte Formen des Friedensgrußes können Menschen auch zu erkennen geben, dass sie sich einer gemeinsamen → Gemeinschaft zugehörig fühlen. → Muslime grüßen sich untereinander, indem sie „Der Friede mit euch" sagen (*assālamu ᶜalaikum*). Die Erwiderung darauf lautet „Und mit euch der Friede" (*wa ᶜalaikumus-sālam*). Das arabische Wort → *islām* als Bezeichnung für die Religion der Muslime ist verwandt mit dem arabischen Wort *salām*, das „Friede" und auch „Sicherheit" bedeutet. Von → Muhammadﷺ ist die Aufforderung überliefert, auch diejenigen mit dem Friedensgruß zu grüßen, die man nicht kennt.

G

Gebet

arab. *salā* (صلاة); türk. *namaz*

Zu beten heißt, mit bestimmten Worten und Handlungen Gottﷻ anzusprechen. Das Wort „beten" hat mit dem deutschen Wort „bitten" zu tun. In vielen → Religionen gibt es sehr unterschiedliche Formen des Betens: sprechen, singen, tanzen, stehen, sich drehen, beugen oder hinknien, sich teilweise oder mit dem ganzen Körper auf den Boden begeben, Arme oder Hände falten, überkreuzen oder heben ... Viele Menschen verwenden für ihre Gebete bestimmte Gegenstände. Gesprochene Gebete werden entweder aus Büchern gelesen, auswendig aufgesagt oder frei und in der eigenen Muttersprache formuliert. Man kann für sich oder andere bitten, Gott lobpreisen und bestimmte Gefühle oder Gedanken zum Ausdruck bringen. Beten kann man allein oder in → Gemeinschaft. Im → Islam gilt als wichtigste Pflicht, nicht nur frei mit → Gott zu sprechen (*duᶜā*), sondern IHN in regelmäßigen Zeitabständen anzubeten (*salā*). Für diese Form der Anbetung halten sich → Muslime an einige wichtige Grundregeln, zum Beispiel die Reinheit von Körper, Kleidung und Gebetsort. Die festgelegten Bewegungen werden in der Gebetsrichtung nach Mekka (*qibla*) ausgeführt. Dort steht die „Kaᶜba" – ein ungefähr 12 Meter hohes Gebäude aus Stein mit einer Seitenlänge von ca. 10 x 15 Metern. Sie steht im Innenhof der großen Moschee in der saudi-arabischen Stadt Mekka. Der → Qur'ān erwähnt, dass die Kaᶜba vom → Gesandten Ibrāhīm und seinem Sohn Ismāᶜīl als Haus zur Anbetung Gottes gebaut wurde. Mekka ist außerdem die Stadt, in der der Gesandte Muhammad geboren wurde. Nach Mekka führt auch die große → Wallfahrt, der „Hadsch".

Gebetsrichtung → Gebet

Gemeinschaft

arab. *umma* (أمّة); türk. *ümmet*

Das Wort „Gemeinschaft" bedeutet, dass Menschen aufgrund gemeinsamer Merkmale für begrenzte Zeit oder für immer an einem bestimmten Ort zusammenleben. Wenn es sich bei den Gemeinsamkeiten um Merkmale einer bestimmten → Religion handelt, spricht man von einer „Religionsgemeinschaft". Gemeinsamkeiten lassen sich manchmal weiter unterteilen: Die Gemeinschaft aller → Christen auf der Welt in die Gemeinschaften der katholischen, der evangelischen und anderer Christen – und diese wiederum in diejenigen, die in Deutschland und dort in einer bestimmten Stadt leben. Das gilt auch für → Muslime: Die Gemeinschaft (*umma*) aller Musliminnen und Muslime auf der ganzen Welt ist viel umfassender als die Gemeinschaft derjenigen, die sich in einer bestimmten Moschee zum Freitagsgebet versammelt – das wird dann „Gemeinde" (*dschamāᶜa*) genannt. Im → Qur'ān werden Merkmale erwähnt, die Menschen über die Grenzen ihrer Religionsgemeinschaften hinweg miteinander verbinden, zum Beispiel die „Gemeinschaft der Leute der Schrift" (*ahlul-kitāb*): → Juden, Christen und Muslime haben zwar jeweils eigene Heilige Bücher (→ Offenbarung), aber auch einige Gemeinsamkeiten (die Vorstellung von einem einzigen → Gott, → Fasten und → Beten, das Gebot, Frieden zu stiften, bestimmte → Gesandte ...).

Gerichtstag

arab. *yaumal qiyāma* (يوم الدين); türk. *kiyamet günü*

Mit dem Begriff „Gerichtstag" sind ein Ort und ein Zeitpunkt gemeint, an dem zwischen Ankläger und Beklagten Recht gesprochen wird. Dabei geht es darum, dass eine Richterin oder ein Richter alle Argumente anhört und dann eine Entscheidung über die Lösung eines Streits, über einen Schadensersatz oder über eine Bestrafung trifft. In → Religionen wie dem → Judentum, dem → Christentum oder dem → Islam glauben die Menschen an einen → Gott, der als Richter über die Menschen Recht spricht. Der → Gesandte Muhammad wurde von den Muslimen gefragt, wann und wo das sein wird. Muhammad antwortete, dass das nur Gott selbst wisse. Er wies aber darauf hin, dass alle Menschen nach ihrem Tod von Gott auferweckt und vor IHM versammelt werden. Was im Leben im Diesseits als Unrecht zurückbleiben musste, wird dann im → Jenseits beurteilt. Von besonderer Bedeutung ist dabei die Hoffnung der Menschen, dass Gott ihnen ihre Fehler und Ungerechtigkeiten vergeben wird – die Frage also, wie fest sie an IHN glauben und wie stark sie IHM vertrauen. Die wichtigsten → Gebete im Islam sind darum diejenigen, in denen der Mensch Gott um Vergebung bittet. Nach diesem letzten, allumfassenden Gericht Gottes über alle Menschen im Jenseits beginnt das ewige Leben.

Gesandter

arab. *rasūl* (رسول); türk. *peygamber*

Ein „Gesandter" ist jemand, der geschickt wird, im Auftrag eines anderen zu sprechen und in dessen Sinne zu handeln. So jemanden nennt man auch „Botschafter". In den → Religionen geht es dabei um diejenigen Personen, die nach Auskunft des → Qur'āns von → Gott zu ihren Völkern gesandt wurden (*rasūl*), um ihnen als „Botschafter Gottes" (*nabī*) Nachrichten zu überbringen. Die wichtigste Nachricht war, dass es nur einen einzigen Gott gibt. Gottes Botschaften wurden ihnen auf unterschiedliche Weise überbracht, meistens aber als → Offenbarung durch den → Engel Gabriel. Manchmal werden sie als „Propheten" („Sprecher", „Weissager") bezeichnet, zum Beispiel auch in den Heiligen Büchern der → Juden und → Christen. Einer der bekanntesten Gesandten in allen drei Heiligen Büchern, auf den sich Juden, Christen und → Muslime berufen, ist Ibrāhīm. Der Qur'ān weist darauf hin, dass die Gesandten nicht nur über die Religion sprachen, sondern die Menschen durch das gute Vorbild davon überzeugten, wieder mehr auf Gott zu hören und gerecht zu handeln. Das konnte allerdings auch zu Konflikten führen, von denen der Qur'ān und die Heiligen Bücher der Juden und Christen berichten. Diese Bücher erwähnen außerdem eine Reihe von Frauen, die für die Botschaften Gottes an die Menschen eine sehr wichtige Rolle spielten. Im → Islam gilt Muhammad (*Muhammad ibn ᶜAbd Allāh ibn ᶜAbd* *al-Muttalib*) als der letzte der Gesandten, die von Gottﷻ ein Buch als → Offenbarung erhalten haben. Was er alles erlebt hat, lässt sich heute in Büchern nachlesen, die sein Leben beschreiben. Muhammadﷺ hat auch vor falschen Propheten gewarnt: Sie sind daran zu erkennen, dass nicht eintrifft oder dass sie selbst nicht tun, was sie sagen, und dass sie mehr daran interessiert sind, Einfluss auf möglichst viele Menschen und Zugriff auf ihr Vermögen zu erlangen. In der Bibel werden sie als „Wölfe im Schafspelz" beschrieben.

Gewissen

arab. *damīr* (ضمير); türk. *vicdan*

Das Gewissen eines Menschen wurzelt in seinem Gespür dafür, in bestimmten Situationen das Richtige zu tun. Dieses Gespür kann aus dem Gefühl des Menschen kommen, dass ein anderer (zum Beispiel → Gott) weiß, was er tut (Mit-Wissen). Als „schlechtes Gewissen" wird das drängende Gefühl oder eine innere Stimme bezeichnet, etwas falsch gemacht zu haben, obwohl man es hätte besser wissen müssen. Sich jemandem anzuvertrauen und darüber zu sprechen, kann den Menschen von diesem Gefühl befreien (man sagt: „das Gewissen erleichtern"). In diesem Fall soll sich aus Sicht des → Islams der Mensch zuerst an Gottﷻ (→ Gebet), aber auch an einen Mitmenschen wenden, dem er vertraut. Muhammadﷺ wies darauf hin, dass das Gewissen als „innere Stimme" in der Brust spürbar ist; sie ist Zeichen dafür, wie nah Gottﷻ den Menschen ist. Ständig gegen das Gewissen zu handeln, kann es zerstören und den Menschen körperlich und an seiner → Seele schwer erkranken lassen. Alkohol und Drogen täuschen die Stimme des Gewissens, indem sie schlechte Dinge kurzzeitig als gut erscheinen lassen. Deshalb verbietet der Islam Rauschmittel. Im Islam gilt, dass jeder Mensch selbst entscheiden muss, was er denken und glauben will (Gewissensfreiheit). Das → Grundgesetz achtet ebenso diese Freiheit, aber auch diese Verantwortung des Gewissens.

Gewissensfreiheit → Gewissen, Grundgesetz
Glaubensfreiheit → Grundgesetz
Gleichberechtigung → Grundgesetz

Glaubenszeugnis

arab. *schahāda* (شهادة); türk. *sehadet*

Wer ein Glaubenszeugnis öffentlich ausspricht, bringt damit zum Ausdruck, was oder woran er glaubt. Ein religiöses Glaubenszeugnis oder auch Glaubensbekenntnis lässt erkennen, welchem Glauben oder welcher → Religion sich jemand zugehörig fühlt. Ein öffentliches Glaubenszeugnis kann

- die wichtigsten Glaubensinhalte zusammenfassen,
- ausdrücken, dass jemand nach diesem Glauben leben möchte,
- bedeuten, dass jemand in eine bestimmte Religionsgemeinschaft aufgenommen wird,
- eine Abgrenzung von anderen Glaubensformen, Religionen oder Gemeinschaften deutlich machen.

Das Glaubenszeugnis des → Islams wird „die Schahada" genannt. Es lautet auf Deutsch: „Ich bezeuge, dass es keinen → Gottﷻ außer Gottﷻ gibt, und ich bezeuge, dass Muhammadﷺ der → Gesandte Gottesﷻ ist" (*aschhadu al-lā ilāha illal-lāh wa aschhadu anna Muhammad*ﷺ *ar-rasūlul-lāh*). Das arabische Wort *schahāda* stammt vom Verb *schahida* ab, was so viel bedeutet wie „laut und deutlich ankündigen", „bekannt machen", „schwören" oder „frei und ehrlich bezeugen". Wer noch zu jung, geistig krank oder betrunken ist oder wer unter Zwang handelt, kann nicht wahrhaft und ehrlich bezeugen. Wer die Schahada freiwillig und in guter Absicht spricht, bekennt sich vor Gottﷻ und vor den Menschen dazu, als Muslimin oder Muslim zu leben. Der → Qur'ān verbietet, andere zu zwingen, sie zu erpressen oder durch Tricks dazu zu bewegen, die Schahada auszusprechen; im Islam gelten → Glaubensfreiheit und Selbstverantwortung.

Gott

„Gott" arab. *ilāh* (الإله); türk. *Tanri;*
„der Gott" arab. *allāh* (الله); türk. *Allah*

Das deutsche Wort „Gott" dient dazu, eine höhere Kraft zu bezeichnen oder sie anzusprechen, die sich nicht mit anderen Dingen vergleichen lässt. Es stammt von dem sehr alten Wort *goda* ab, das so viel wie „Du, mein Gott!" bedeutet. Wer Gottﷻ ruft, glaubt daran, dass es IHN wirklich gibt, dass ER für ihn Gutes tut und dass ER für ihn durch Gebete und gutes Handeln ansprechbar ist. Dazu gehört der Glaube, dass der Mensch nach dem Tod wieder leben und im → Jenseits Gottﷻ begegnen wird. In allen Sprachen gibt es eigene Wörter, um Gottﷻ zu bezeichnen oder zu rufen (→ Name). In der arabischen Sprache bezeichnet das Wort „Allah" (*allāh*) den einen Gottﷻ, der der einzige Gottﷻ ist – egal, ob es Muslime oder Christen sind, die Arabisch sprechen. Wenn Christen oder Muslime das deutsche Wort „Gottﷻ" verwenden, meinen sie auch den einen Gottﷻ, der der einzige Gottﷻ ist. Wer → Muslim sein will, glaubt nicht an mehrere Götter, sondern nur an den einen, einzigen Gottﷻ. Als Muslim soll man den Namen Gottesﷻ nicht missbrauchen, zum Beispiel indem man sagt, dass ein „Fußballgott" oder ein „Wettergott" geholfen hätten. Der → Qur'ān betont, dass es nur einen Gottﷻ gibt, der der gemeinsame Gott aller Menschen ist.

Grundgesetz

arab. *qānūn asāsī* (قانون اساسي); türk. *anayasa*

Im „Grundgesetz für die Bundesrepublik Deutschland" (abgekürzt GG) sind die wichtigsten Regeln für das Zusammenleben der Menschen in Deutschland zusammengefasst. Es bildet den Grund, auf dem alle anderen Gesetze und Regeln aufbauen müssen. Ein anderes Wort für „Grundgesetz" ist „Verfassung". Gegen Gesetze und

Regeln, die nicht zum Grundgesetz passen, kann jede Bürgerin und jeder Bürger Deutschlands Beschwerde einlegen. Zuständig dafür sind die Gerichte, besonders das Bundesverfassungsgericht in Karlsruhe. Ein Land, in dem so wie in Deutschland jeder Mensch frei ist, seine Rechte von einem unabhängigen Gericht prüfen zu lassen, wird als „Rechtsstaat" bezeichnet. Besonders wichtig sind die ersten Regeln am Anfang des Grundgesetzes. Das sind die sogenannten Grundrechte und Grundpflichten, die ohne Ausnahme für alle gelten, zum Beispiel, dass alle Menschen mit Würde und Respekt behandelt werden sollen, egal ob jung oder alt, Frau oder Mann, groß oder klein, arm oder reich. Andere Grundrechte legen fest, dass Frauen und Männer gleiche Rechte haben (Gleichberechtigung), dass jeder frei entscheiden darf, was und woran er glauben möchte (Religionsfreiheit), dass man seine Meinung frei sagen darf (Meinungsfreiheit) oder dass Eltern das Recht haben, ihre Kinder selbst zu erziehen (Elternrecht). Wenn Eltern es aber einfach nicht schaffen oder dieses Recht missbrauchen, muss ihnen geholfen werden – zum Schutz der Kinder, die sich selbst nicht wehren und noch nicht für sich selbst sorgen können. Das Grundgesetz regelt also auch, was bestimmte Rechte mit bestimmten Pflichten, was Freiheit mit Verantwortung und was den Einzelnen mit der → Gemeinschaft aller verbindet.

Grundrecht → Grundgesetz

H

Hadīth → Prophetenwort
Hadsch → Wallfahrt
Halāl → Erlaubtes
Harām → Erlaubtes
Heilige Schrift → Offenbarung
Hidschra → Auswanderung
Hölle → Jenseits

I

Iblīs → Teufel

Islam

arab. *islām* (إسلام); türk. *islam*
Mit dem Wort „Islam" wird die Religion der Muslime bezeichnet. Muslimin oder Muslim ist, wer Muslim sein möchte und deshalb das islamische → Glaubenszeugnis spricht. Das deutsche Wort „Islam" geht zurück auf das arabische Wort *al-islām* und beschreibt eine → Religion und Lebensweise, in der sich der Mensch darum bemüht, sich nach → Gott zu richten. Als Grundlage hierfür dienen

- der → Qur'ān als → Offenbarung Gottes an SEINEN → Gesandten Muhammad und
- was über den Gesandten Muhammad im → Prophetenwort aufgeschrieben wurde.

Im Qur'ān steht: „Gott bezeugt (*schahida* → Schahada) von sich selbst, dass ER der einzige Gott ist." Das ist das wichtigste Kennzeichen des Islams und wird „Tauhid" (*tauhīd*) genannt. Weitere wichtige Kennzeichen des Islams sind

- der Glaube, dass Gott alles erschaffen hat,
- der Glaube, dass alle Menschen im → Jenseits vor Gott als den Richter am → Gerichtstag treten werden, und
- der Glaube, dass das Leben im Jenseits ewig dauert, im Gegensatz zum Leben im Diesseits, das durch den Tod beendet wird.

Im Prophetenwort werden fünf Grundpflichten erwähnt, die ein Muslim beachten sollte, wenn er wirklich Muslim sein möchte: das Glaubenszeugnis, das → Gebet, das → Fasten, die Zuwendung an Bedürftige (*sakā*) und die → Wallfahrt nach Mekka. Der Qur'ān erwähnt daneben bestimmte Glaubensinhalte, die zum Muslimsein dazugehören: der Glaube an den einen und einzigen Gott, an seine → Engel, an seine → Offenbarungen, an seine → Gesandten, an den Gerichtstag und daran, dass sich jeder Mensch selbst für das Gute und gegen das Schlechte entscheiden muss.

J

Jenseits

arab. *ākhira* (آخرة); türk. *ahiret*
Mit „Jenseits" wird ein Ort beschrieben, der „drüben" oder „auf der anderen Seite" liegt. Um ihn „von hier aus" zu erreichen, muss eine Grenze überschritten werden. Im → Islam und in vielen anderen → Religionen ist diese Grenze der Tod. Mit „Diesseits" ist dann das Leben in dieser Welt gemeint und mit „Jenseits" das Leben nach dem Tod. Das setzt den Glauben daran voraus, dass der Tod nur einen Übergang darstellt und dass es eine Auferstehung nach dem Tod gibt. In vielen Religionen glauben die Menschen daran, dass nur ihr Körper zerfällt, wenn sie gestorben sind. Ihre Persönlichkeit, ihr „Ich" – man sagt auch „die Seele" – sind unsterblich. Das Leben im Jenseits gilt in vielen Religionen deshalb als unendlich. Die Hoffnung darauf nimmt vielen Menschen die Angst vor dem Sterben und gibt ihnen Mut zu leben, auch wenn sie Not oder Ungerechtigkeit erleiden müssen. Der Glaube an die Gerechtigkeit → Gottes hilft den Menschen aber auch, nicht hochmütig und ungerecht zu werden, wenn es ihnen gut geht. Der → Qur'ān weist auf zwei Orte im Jenseits hin: die Paradiesgärten (*dschannātu ᶜadn*), mit denen Gott gutes Handeln belohnt, und das Höllenfeuer (*dschahannam*), mit dem Gott schlechtes Handeln bestraft. Gott möchte lieber verzeihen als bestrafen. Deshalb rät der Islam:

- Bedenke bei dem, was du tust, nicht nur die Folgen im Diesseits, sondern auch die Folgen im Jenseits!

- Verliere dabei aber niemals die Hoffnung auf die Hilfe Gottes, sondern vertraue IHM und bitte IHN um Vergebung!

Judentum
arab. *ad-dīn al-yahūdiyya* (الدين اليهوديّة); türk. *yahudilik*
Der Begriff „Judentum" bezeichnet die Religion, die Lebensweise und die Geschichte der Juden als Angehörige des „Volkes Israel" und der jüdischen Glaubensgemeinschaft. Die folgenden Überlieferungen des jüdischen Volkes stellen die Grundlagen für die jüdische → Religion dar:

- die schriftliche Quelle (die „aufgeschriebene" Tora) und
- die mündlichen Quellen (die „erzählte" und „diskutierte" Tora, die aber auch in bestimmten Büchern, wie der Mischna oder dem Talmud, aufgeschrieben ist).

Beide Quellen sind für das jüdische Rechtsverständnis (die *Halacha*) wichtig. Juden glauben daran, dass → Gott mit Abraham (→ Gesandter) eine Abmachung getroffen – man sagt auch: „einen Bund geschlossen" hat. Abraham soll am Glauben an den einen Gott festhalten, der der einzige, unsichtbare Schöpfer aller Dinge ist; er soll Gott vertrauen. Gott wiederum traut das auch den Nachkommen Abrahams zu und verspricht, sie dafür zu belohnen. Als Nachkommen Abrahams gelten sein Sohn Isaak und dessen Sohn Jakob. Die zwölf Söhne Jakobs gelten als die Stammväter der „zwölf Stämme Israels". Die Israeliten zogen von Kanaan, dem heutigen Palästina, nach Ägypten. Dort wurden ihre Nachfahren von Pharao versklavt und von Mose aus der Sklaverei befreit. Mose erhielt am Berg Sinai die Tora als → Offenbarung von Gott. Juden wurden in ihrer Geschichte wegen ihrer Religion und ihrer Abstammung immer wieder ungerecht behandelt, verfolgt und ermordet. Deshalb leben viele von ihnen auf der ganzen Welt weit entfernt von ihrer ursprünglichen Heimat – man nennt das „Leben in der Diaspora". Nach der Gründung des Staates Israel im Jahre 1948 sind viele Jüdinnen und Juden nach Palästina eingewandert (→ Auswanderung).

Jüngstes Gericht → Gericht

K

Ka^cba → Gebet, Wallfahrt

Kalif
arab. *khalīfa* (خليفة); türk. *halife*
Als „Kalif" wurde früher bezeichnet, wer die Gemeinschaft der Muslime in einem bestimmten Land regierte.
Das arabische Wort *khalīfa* bedeutet „Stellvertreter" oder „Nachfolger" und bezeichnet die Nachfolge → Muhammads (*khilāfatur-rasūlul-lāh*). Als erster Kalif nach dem Tod Muhammads regierte Abū Bakr. Ihm folgten die Kalife ᶜUmar ibn al-Khattāb, ᶜUthmān bin ᶜAffān und ᶜAlī ibn Abī Tālib. Kalife wurden bestimmt oder gewählt. Später kamen auch einige durch Gewalt an die Macht oder sie stammten einfach aus einer Familie, in der schon Vater und Großvater Kalif gewesen waren. Das nennt man „Dynastie" und ist europäischen Königsfamilien vergleichbar. Zu den bekanntesten Dynastien von Kalifen zählten die „Umayaden", die „Abbasiden" und die „Fatimiden". Einen Kalif als vorbildlichen Anführer (*imām*) für die → Gemeinschaft aller Muslime auf der ganzen Welt gibt es heute nicht mehr. Für die meisten Muslime ist heute der Gedanke wichtiger, dass eine Regierungschefin oder ein Regierungschef nicht durch Abstammung aus einer Dynastie oder durch Gewalt an die Macht kommen, sondern von den Menschen gewählt sein sollte. Er oder sie wären dann nicht die „Nachfolger/in Muhammads", sondern die „Stellvertreter/in der Bevölkerung" eines Landes, von der sie gewählt wurden – und zwar von Muslimen und Nicht-Muslimen gemeinsam. Außerdem lehnen es viele Musliminnen und Muslime ab, dass ein Regierungschef zugleich Anführer der Muslime als Religionsgemeinschaft sein soll. Sie diskutieren also darüber, ob heute noch Regierung und Religion so miteinander verbunden werden dürfen, wie das früher einmal der Fall war.

Koran → Qur'ān

L

Leben nach dem Tod → Jenseits

M

Mekka → Gebet, Wallfahrt
Migration → Auswanderung
Muhammad → Gesandter
Muslim → Islam

N

Nabī → Gesandter

Name
arab. *ism* (إسم); türk. *isim*
Namen machen Personen als Einzelpersonen (Individuen) ansprechbar.
Aber auch Gegenstände, geografische Regionen oder Dinge, die nicht gegenständlich, sondern abstrakt sind, können Bezeichnungen im Sinne von Namen tragen. Bei Einzelpersonen spricht man auch vom Eigennamen, der in vielen Ländern aus einem Vornamen (Rufname) und einem Nachnamen (Familienname) besteht. Die Schwierigkeit, eine begrenzte Anzahl von Vornamen einer wachsenden Anzahl von Einzelpersonen unverwechselbar zuzuordnen, führte in Europa ab etwa dem 12. Jahr-

hundert n. Chr. zur Einführung von Nachnamen, die auf Eigenschaften, Herkunftsorte, Berufsgruppen oder den Vornamen eines Elternteils zurückgehen.
Wenn muslimische Eltern ihren Kindern einen Vornamen geben, der auf eine Person des → Qur'āns zurückgeht, dann wählen sie gerne die arabische Form des Namens (z. B. *Yahyā*) – und zwar auch dann, wenn in ihrer eigenen Muttersprache eine andere Version dieses Namens (deutsch *Johannes*, englisch *John*) verbreitet ist. Es gibt auch arabische Namen, die sich unabhängig von der Religion in nicht-arabischen Sprachräumen eingebürgert haben (*Dunja* – „Welt", *Laila* – „Nacht"). Auch in Deutschland übliche Namen können aus verschiedenen Sprachen stammen und eine ähnliche Bezeichnung ausdrücken (russisch *Vera* und arabisch *Imān* für „wahrer Glaube"). Im Islam gilt folgende Namensregel als gesichert: Muhammadﷺ verbot seiner Gemeinschaft, Namen zu geben, die eine schlechte Sache bezeichnen – egal in welcher Sprache.
Die Bezeichnung „Allah" für → Gottﷻ ist eine Kurzform des arabischen Substantivs mit bestimmten Artikel (*al-ilāh* – der Gottﷻ). Gottﷻ wird im Qur'ān auch als „der König" (*al-malik*), „der Herr" (*ar-rabb*), „das Licht" (*an-nūr*) oder „der Friede" (*as-salām*) bezeichnet, was eine bestimmte Funktion oder Eigenschaft beschreibt – wie alle der sogenannten „99 Namen Allahs". Die arabische Bezeichnung „Allah" darf aber auch so wie ein Eigennamen Gottesﷻ verstanden werden, da dieses Wort keine bestimmte Funktion oder Eigenschaft bezeichnet.

O

Offenbarung

arab. *wahī* (وحي); türk. *vahiy*
Unter „Offenbarung" versteht man die wahrheitsgetreue Offenlegung von etwas, das bis dahin verborgen, unklar oder geheim war. Im Zusammenhang mit → Religion bedeutet „Offenbarung" die Mitteilung einer Wahrheit. Im → Islam und in anderen Religionen ist damit die Mitteilung einer Botschaft von → Gottﷻ gemeint. Diese Botschaft „legt" Informationen „offen": über Gottﷻ und die Menschen, Geschichten früherer Völker, Regeln für das Leben und den Sinn von Leben und Sterben. Sie wird durch Eingebung von Gottﷻ oder durch Boten (→ Engel) an ausgewählte Menschen (→ Gesandter) übermittelt und von ihnen erklärt. Dadurch werden Dinge „verständlich", die der Mensch nicht wirklich versteht, weil er sie nicht erleben kann (zum Beispiel das → Jenseits). Der → Qur'ān erwähnt viele Offenbarungen an viele Gesandte, hebt aber vier besondere Offenbarungen hervor:

- die Tora des Mose (*at-taurā*),
- die Psalmen des David (*as-sabūr*),
- das Evangelium des Jesus, Sohn der Maria (*al-indschīl*),
- den Qur'ān des Muhammadﷺ (*al-qur'ān*).

Die Tora, die Psalmen und das Evangelium finden sich heute in der Bibel. Besondere Gemeinsamkeiten zwischen Bibel und Qur'ān machen ihren gemeinsamen Ursprung als Offenbarung deutlich, zum Beispiel die biblischen „Zehn Gebote" in Exodus 20,2-17 und die Sure 17 des Qur'āns: In beiden stehen sehr wichtige und ähnlich lautende Grundregeln für das Zusammenleben der Menschen. Wie im Qur'ān wird Gottﷻ in den Psalmen mit besonderen Namen gerufen, die seine Bedeutung für die Menschen zeigen: „Schild", „Fels", „König", „Hirte", „Richter", „Zuflucht", „Festung", „Rächer", „Schöpfer", „Erretter", „Heiler", „Beschützer", „Ernährer", „Erlöser", „Stimme" ...
Gottﷻ kann sich offenbaren, wem ER will – jederzeit und überall. Der Qur'ān weist aber darauf hin, dass es nach der Übermittlung des Qur'āns an Muhammadﷺ keine weitere Offenbarung als Buch und keinen Gesandten dieser Art mehr geben wird. Andere Formen von Offenbarung von Gottﷻ finden aber auch heute noch statt – als Beispiele erwähnt der Qur'ān die Tiere: Gottﷻ gibt ihnen ein, wohin sie gehen, fliegen oder schwimmen müssen, um ihre Nahrung zu finden („natürlicher Instinkt"). Auch heute noch machen Menschen immer wieder die Erfahrung, durch besondere „Eingebungen" oder „Ahnungen" geleitet oder gerettet worden zu sein oder durch besondere „Inspirationen" oder „Visionen" auf Erfindungen, Entdeckungen oder künstlerische Ideen gestoßen zu sein.

P

Paradies → Jenseits
Pilgerfahrt → Wallfahrt
Prophet → Gesandter

Prophetenwort

arab. *hadīth* (حديث); türk. *hadis*
„Prophetenworte" sind Berichte von Zeitzeugen Muhammadsﷺ darüber, wie er gelebt, was er getan und was er gesagt hat – und was andere über ihn gesagt haben. Es handelt sich dabei um mündlich überlieferte Zeugenberichte, die später aufgeschrieben wurden. Sie stehen nicht im → Qur'ān. Auf Arabisch nennt man so einen Zeitzeugenbericht „Hadith" (*hadīth*), was einfach „Mitteilung" bedeutet. Deshalb nennt man die Bücher, in denen Prophetenworte gesammelt wurden, „Hadith-Bücher" oder „Hadith-Sammlungen". Es gibt eine Reihe berühmter und schon sehr alter Sammlungen, die man zusammengenommen auch als „Sunna" bezeichnet. Das Wort „Sunna" (*sunna*) stammt vom arabischen Wort *sanna* ab, was so viel wie „schärfen" bedeutet, aber auch „unterscheiden" und „in Form bringen". Unter „Sunna" verstehen deshalb viele Muslime dasjenige Verhalten Muhammadsﷺ, durch das er sich von seinen Mitmenschen „unterschied" – in beson-

deren Dingen, aber auch in alltäglichen. „Sunna" kann deshalb auch so viel wie „Gewohnheiten Muhammads" bedeuten. Wie Muhammad gelebt hat, gilt für viele Musliminnen und Muslime als Vorbild, und sie möchten ihm darin gerne nacheifern (man sagt auch: „nach der Sunna leben"). Man muss als Muslim dabei unterscheiden lernen, was von der Sunna in das heutige Leben passt und was nicht. Die Sammlungen der Prophetenworte helfen auch, das Leben Muhammads von seiner Geburt etwa 570 n. Chr. bis zu seinem Tod im Jahr 632 n. Chr. zu beschreiben (man nennt das „Biografie"). Solche Nacherzählungen seines Lebens heißen auf Arabisch *as-sīratun-nabawiyya*, auf Deutsch „Prophetenbiografie". Es gibt sie als Bücher in viele Sprachen übersetzt, auch ins Deutsche.

Psalm → Offenbarung

Q

Qibla → Gebet

Qur'ān
arab. *qur'ān* (قرآن); türk. *Kuran*
Die Begriffe „Qur'ān" oder auch „Koran" bezeichnen das Buch, das für die Muslime die Offenbarung Gottes an den Gesandten Muhammad beinhaltet. Der Qur'ān wurde vom → Engel Gabriel (*dschibrīl*) in der Zeit zwischen 610 und 632 n. Chr. überbracht. Das arabische Wort *al-qur'ān* hat verschiedene Wurzeln:

- von *qaruna*: „das eine zum anderen fügen", weil der Qur'ān nicht auf einmal als Buch vom Himmel fiel, sondern in einem Zeitraum von 23 Jahren stückweise entwickelt wurde;
- von *qarn*: „vollständige Sammlung", weil der Qur'ān noch vor dem Tod des → Gesandten Muhammad vollständig → offenbart wurde und nicht unvollendet zurückblieb;
- von *qarīna*: „Indiz", „Hinweis", weil viele Dinge im Qur'ān auf seinen göttlichen Ursprung hinweisen (→ Gott);
- von *qara'a*: „lesen", „vorlesen", weil der erste Vers, den Gabriel dem Muhammad offenbarte, mit der Aufforderung „Lies!" (*iqra'*) beginnt und weil Muslime gerne im Qur'ān lesen.

Der Qur'ān wurde auf Arabisch offenbart, weil Arabisch Muhammads Muttersprache war. Noch heute wird der Qur'ān von → Muslimen weltweit am liebsten auf Arabisch gelesen – auch von denen, die gar kein Arabisch sprechen können. Muslime tun das, weil sie den Qur'ān als ein besonderes Buch ansehen, und zwar als den „edlen Qur'ān" (*al- qur'ān al-karīm*). Da alle betenden Musliminnen und Muslime auf der ganzen Welt denselben arabischen Text lesen, dürfte die erste Sure des Qur'āns, die „Fatiha", niemals verstummen, weil es zu jeder Sekunde irgendwo irgendjemanden gibt, die oder der sie gerade liest.

R

Ramadān → Fasten
Rasūl → Gesandter

Religion
arab. *dīn* (دين); türk. *din*
„Religion" ist das Zusammenspiel einer bestimmten Form von Denken und Handeln, die den Menschen helfen kann, die Welt zu erklären und ihr Leben zu führen. Dazu gehört das Bemühen, Dinge wie Leben und Sterben, Glück und Leid oder Mensch und Welt in einen sinnvollen Bezug zueinander zu stellen. Woher das Wort „Religion" stammt, ist nicht ganz geklärt, aber lateinische Wörter wie *religio*, *relegere* oder *religare* haben etwas mit „Regeln einhalten", „achtgeben" und „sich festbinden" (→ Fasten) zu tun. Viele Religionen haben Gemeinsamkeiten:

- eine Vorstellung davon, was am Beginn der Welt geschah und was am Ende der Welt geschieht,
- eine Vorstellung davon, was mit dem Menschen nach seinem Tod geschieht,
- religiöse Handlungen (Riten),
- bestimmte Tage im Kalender (Festtage), an denen besondere religiöse Handlungen vollzogen werden,
- bestimmte Orte oder Gegenstände, die mit der Religion zu tun haben,
- religiöse → Gemeinschaft,
- Personen, die innerhalb der religiösen Handlungen der jeweiligen Gemeinschaft besondere Aufgaben haben,
- besondere Formen religiöser Sprache (Wörter, Zeichen, Bilder, Kult ...),
- eine Vorstellung davon, welches menschliche Verhalten gut und welches schlecht ist.

Zu den Religionen mit weltweit sehr vielen Anhängerinnen und Anhängern zählen das → Christentum, der → Islam, der Buddhismus, der Hinduismus und traditionelle chinesische Religionen. Sehr groß ist auch die Zahl derjenigen, die sogenannten „indigenen" Religionen angehören (afrikanische, indianische, australische, polynesische ...). Viele Menschen zählen sich aber auch keiner Religion zugehörig. Einige Religionen haben vergleichsweise wenige Anhängerinnen und Anhänger, obwohl sie sehr bekannt sind, zum Beispiel die Sikhs in Indien (25 Millionen) und die → Juden (15 Millionen).
In Deutschland leben etwa 26 Millionen katholische, 25 Millionen evangelische Christen und etwas mehr als 3 Millionen Muslime. Daneben sind aber auch noch zahlreiche andere Religionen vertreten. Ungefähr 24 Millionen Deutsche rechnen sich keiner Religion zu.

Religionsfreiheit → Grundgesetz

S

Sakā → Islam
Salā → Gebet
Salām → Friedensgruß
Schahāda → Glaubenszeugnis
Schaytān → Teufel
Seele → Jenseits
Sīra → Prophetenwort
Sunna → Prophetenwort
Sure → Qur'ān

T

Teufel
arab. *schaytān* (شيطان); türk. *seytan*
Mit dem Namen „Teufel" bezeichnen Religionen wie das Christentum, das Judentum oder der Islam ein Wesen, das seine Kraft gegen Gott und gegen die Menschen richtet. Das deutsche Wort „Teufel" stammt vom griechischen Wort *diábolos* ab, das so viel bedeutet wie „der alles durcheinanderbringt". In der hebräischen Bibel heißt er „Satan". Er steht für die Kraft, die den Menschen dazu bewegt, → Gott zu vergessen und schlechte Dinge zu tun. Im → Qur'ān heißt er „der Schaitan" (*asch-schaytān*) und „Iblis" (*iblīs*). Beide Wörter beschreiben den Charakter des Teufels:
- „Schaitan" kommt von den arabischen Wörtern *schatana* für „er war weit weg" und *schataa* für „er brannte im Innern vor Wut";
- „Iblis" kommt von dem arabischen Wort *ablasa* für „er hatte keine Hoffnung mehr".

Andere Namen für den Teufel im → Qur'ān sind „der Neider" (*al-hāsid*) und „der Flüsterer" (*al-waswās*). Solche Namen deuten auf die Gefahr für die Menschen hin, wenn sie sich selbst Gefühlen der Verzweiflung, Wut, des Neides und der Hoffnungslosigkeit hingeben oder wenn sie auf schlechte Einflüsterer anstatt auf ihr → Gewissen hören. Musliminnen und Muslime suchen davor bei → Gott Schutz, indem sie die beiden letzten Suren des → Qur'āns auswendig lernen und aufsagen, besonders vor dem Einschlafen.

Tag des Gerichts → Gericht
Tauhīd → Gott
Tora → Offenbarung

U

ᶜUmar → Kalif
Umma → Gemeinschaft
ᶜUthmān → Kalif

V

Verbotenes → Erlaubtes
Vers → Qur'ān

W

Wallfahrt
arab. *hadsch* (حج); türk. *hac*
Eine „Wallfahrt" ist eine Reise zu einem festgelegten Ort mit einer durch die Religion bestimmten Bedeutung, um einem religiösen Gefühl, einem persönlichen Wunsch oder der Erfüllung eines religiösen Gebots nachzukommen. Das deutsche Wort „Wallfahrt" kommt von dem sehr alten Wort *wallen*, was so viel wie „in eine Richtung ziehen" bedeutet. Ein anderes Wort dafür lautet „Pilgerfahrt". Große Wallfahrten haben ihre besondere Bedeutung in der → Gemeinschaft, die für die Zeit der Wallfahrt entsteht und sich danach auflöst. Bekannte Wallfahrten sind die
- für → Muslime nach Mekka,
- für Hindus in die Stadt Varanasi/Benares am Ufer des Ganges,
- für Buddhisten zu wichtigen Orten, an denen Gautama Buddha gewirkt hat,
- für → Christen nach Jerusalem zu den Stationen des Kreuzweges von Jesus Christus oder zu Orten, die mit dem Wirken der Gottesmutter Maria in Verbindung gebracht werden, und
- für → Juden zur Klagemauer, die als Teil des alten Tempels von Salomon in Jerusalem gilt.

Die „große" islamische Wallfahrt, der „Hadsch" (*al-hadsch*), führt jede Muslimin und jeden Muslim einmal im Leben in die Stadt Mekka (→ Gebet). Der Zeitraum für den Hadsch liegt zwischen dem 8. und dem 12. Tag des zwölften Mondmonats (dem *dhul-hiddscha*). Der Hadsch führt dem Muslim vor Augen, dass sein ganzes Leben wie eine Reise ist: Er wird geboren, legt seinen Lebensweg zurück, stirbt, wird vom Tode auferweckt und tritt vor → Gott, seinen Richter am → Gerichtstag; dann beginnt das ewige Leben im → Jenseits. Die Wallfahrt nach Mekka kann deshalb dabei helfen, das eigene Leben zum Besseren zu verändern, indem man nach der Rückkehr mehr auf die → Religion, das gute Handeln und die Mitmenschen achtet. Als „kleine Wallfahrt" nach Mekka, als „ᶜUmra" (*ᶜumra*), bezeichnet man die Reise nach Mekka außerhalb der im Kalender festgelegten Hadsch-Zeit. Einmal im Leben zum Hadsch zu fahren, ist religiöse Pflicht für die Muslime; die ᶜUmra ist freiwillig.

Z

Zehn Gebote → Offenbarung

Zitate und Verweise aus dem Qur'ān

Text- und Bildnachweis

9 Foto: Werner Haußmann, Veitsbronn
12 Foto: Kösel-Archiv
15 Foto: Martin Stangl, Ebenhausen
17 Jüdische Legende, traditionell
20 Fotos: Hans-Werner Kulinna, Paderborn – Quelle unbekannt – Faisal-Moschee in Islamabad, Pakistan, Foto in: Annemarie Schimmel, Terre d'Islam. Aux sources de l'Orient musulman © La Renaissance du Livre, Bruxelles, deutsche Ausgabe © Walter Verlag, Zürich/Düsseldorf – Michael Boenke, Bad Saulgau – Carolin Keller, Kiel
21 Fotos: Michael Boenke, Bad Saulgau (2) – Dirk Kreckel, Schwerte/Graffiti-Galerie – A. Pingstone – Stefan Rink, München – Ina Al-Moneyyer, Garching
23 Foto: Michael Boenke, Bad Saulgau
27 Grafik: Sara El Abrache
28 Dschallaladdin Rumi (1207-1273)
29 Fotos: Kinderfilm GmbH/Anke Neugebauer – Ina Al-Moneyyer, Garching – Jutta Melchers, Herzogenrath – Hartmut Pohling/JAPAN-PHOTO-ARCHIV – Kösel-Archiv – Ina Al-Moneyyer, Garching – Zilka Idrizović, Gelsenkirchen
30 T/M: Bernd Ridwan Bauknecht, Bonn
32 NASA, Bild/Edition Chrétiens Medias, Paris
33 T/M: Cat Stevens/ Yusuf © EMI Music Publishing, Hamburg – Fotos: Doris Friemel, Augsburg – Michaela Breit, München – digitalstock
34 Quelle unbekannt – © Helga Lade, Berlin
35 Cemal Toy (geb. 1969), Im Kreis tanzende Frauen: Ein Ausdruck für den Weltfrieden, 1998
36 Alle Fotos: Sara El Abrache, Münster
38/39 Fotos: Sara El Abrache, Münster – Hans-Werner Kulinna, Paderborn (3) – Margot Eder, Seebruck – Michael Boenke, Bad Saulgau
41 Foto: Thomas Lünne, Büren
44 Fotos: Islam-Archiv, Soest – Richard Kingson, Ghana, Foto: imago – tearfund, Schweiz – epd/Joker – KNA-Bild – Fam. Bardach, Jerusalem – caro/Ponizak
45 Fotos: Susanne Burton, in: David Self, Weltreligionen, Brunnen Verlag, Gießen 1997 © Lion Hudson, Oxford – picture alliance/dpa – © Keskin Color A. S., Istanbul – © Alamy/Bjorn Svensson – digitalstock – KNA-Bild
46 Fotos: Udo Pitsch, Königsbrunn – Ina Al-Moneyyer, Garching – Medicamondiale – IPD Köln – Ursula Markus, Zürich
47 Salma Arastu (geb. 1975), Echo of Adhan
48 Abb.: NASA
48/49 Foto: Ali Kazuyoshi Nomachi © PPS, Pacific Press Service Ltd., Brooklyn
49 Fotos: Harry Harun Behr, Bayreuth (2) – Mihrab in Medina. Von hier aus leitete Muhammad das Gebet der Muslime, Foto: Abdelaziz Frikha, in: Werner Trutwin, Islam, Patmos Verlag, Düsseldorf 1998
50 Fotos: Mirsac Nikšić, München
51 digitalstock – Sonnenuhr an der Katharinenkirche, Salzwedel, Foto: D. Osswald, Salzwedel – Peter Sanders, in: David Self, Weltreligionen, Brunnen Verlag, Gießen 1997 © Lion Hudson, Oxford
53 Goldgeränderte Koranseite mit Ta'liq-Schrift am Rand, 19. Jh. in: Abdelkebir Khataibi/Mohamed Sijelmassi, Die islamische Kunst der Kalligrafie, Du Mont Verlag, Köln 1995, S. 39, Foto: Mohamed Sijelmassi © Hattat Aziz Efendi, Fatiha, in: Muhittin Serin, Hattat Aziz Efendi, Istanbul 1988
54 Foto: Günter Kleber, Hausham – Gebet aus: Dschallaladdin Rumi (1207-1273), Mathnawi, zit. n.: Annemarie Schimmel, S. 152 f.
56 Erzengel Gabriel überbringt Muhammad die Botschaft, türkische Miniatur, Topkapi Saray Museum, Istanbul – Martin Goßmann, Nürnberg – Grand H. Music, Hamburg – Hildegard Kronenberg-Lueg, Bochum – Mirsad Nikšić, München
57 Fotos: © WDR – ADAC Verlag
58 Jim Carrey, MTV Junior Award, Foto: dpa/picture alliance
59 Himmelfahrt des Propheten Muhammad, farbige Miniatur (wahrscheinlich des Malers Sultan Muhammad, zu einem Manuskript der Dichtung Khamza des Nizami, 1539-43, British Museum, Foto: akg images
62 Friedensreich Hundertwasser (1928-2000), (937) Unendlichkeit ganz nahe, 1993/94 © 2003 Gruener Janura AG, Glarus/Schweiz
63 Aus der Sammlung Muslim, leicht gekürzt und nacherzählt
64 Sammlung Imam Ahmad und Imam at-Tirmidhi, zit. n. Amir M. A.

Zaidan, Al-'aqida. Einführung in die Iman-Inhalte, ADIB-Verlag, Offenbach ^{2}1999

74 Foto: adpic

75 Hussein Zenderoudi (geb. 1937), Der Prophet auf dem fliegenden weißen Pferd, 1971, Kalligrafie © VG Bild-Kunst, Bonn 2007

76 Yunus Emre (gest. ca. 1321), in: Annemarie Schimmel, Aus dem goldenen Becher. Türkische Gedichte aus sieben Jahrhunderten, Önel Verlag, Köln 1993 – In: Gernot Candolini, Die Faszination der Labyrinthe. Das Praxisbuch, Kösel-Verlag, München 2003, S. 8 unten

78 Fotos: Caro

79 © Richard Riemerschmid-Berufskolleg, Köln (3)

80 digitalstock

82 nach Ibn Ishaq, Das Leben des Propheten, Bibliothek Arabischer Klassiker, Horst Erdmann Verlag, Tübingen/Basel ^{2}1979 – NASA

83/84 Fotos: Ina Al-Moneyyer, Garching

88 T/M: traditionell, engl. T: Yusuf, dt., türk. T: Ayfer Dagdemir Bauknecht, Bonn – Der Prophet zusammen mit Abu Bakr und Ali auf dem Zug nach Mekka, türkische Miniatur, 1594

90 Foto: Rolf Schulten, Berlin – Jürgen Spohn, in: Drunter und drüber, Bertelsmann, München 1980, S. 92

93 Foto: Thenktor

95 In: Gernot Candolini, Die Faszination der Labyrinthe, Kösel-Verlag, München 2003, S. 7

98 © Globus infografik

99 © IMK Medien und Kommunikation

102 Fotos: Michael Boenke, Bad Saulgau (2) – Herby Sachs/Version – Mirsad Nikšić, München

103 Foto: Michael Boenke, Bad Saulgau – s. zu S. 48

105 Paul Klee, Hauptweg und Nebenwege, 1929, 90 (R10), 83 x 67 cm, Öl auf Leinwand auf Keilrahmen, Rahmenleisten, Museum Ludwig, Köln © VG Bild-Kunst, Bonn 2007

112 Koranhandschrift, Sure 2:4-7, The Chester Beatty Library 1417, f. 34 – Koranhandschrift, Sure 69:42-70,2 BNF Arabe, Paris 324, f. 32

113 Fotos: Robert Harding Picture Library, London – digitalstock – Karl F. Bauer, Augsburg – Kösel-Archiv – Brigitte Zein-Schumacher, Arnsberg – digitalstock

118 Fotos: digitalstock – Theodor Ahrens, Paderborn – Gunther Seibold, Hemmingen

121 Qur'ān-Fragment; Anfang der Sure 32 al-Sajda. Arabischer Text im kufischen Stil auf Pergament, 9 Jh., Naher Osten, vielleicht Irak, 21,8 x 32,3 cm, The Chester Beatty Library Is 1407, f. 2b – Album der Sprüche Muhammads und Alis. Arabischer Text, Kalligrafie: 16. Jh., Dekoration: 18. Jh., Istanbul/Türkei, 30,8 x 20,3 cm, The Chester Beatty Library T 426, f. 5a – Christliche Buchmalerei, Initiale zum Weihnachtsfest, Drogo Sakramentar, Metz, zwischen 850 und 855, 264 x 214 mm – The Tales of Ise. Tusche, Farbe, Silber und Gold auf Papier, Japan, spätes 16. Jh., 29,8 x 22,3 cm, The Chester Beatty Library J 1050 – Tora-Schild aus der Synagoge Ichenhausen, 1765/67, Jüdisches Museum Augsburg-Schwaben

122 Arbeit der Schülerin Sukayna, 12 J.

126/127 Foto: CORBIS

128 Stefan Tontič, Sarajewo, 26.5.2005

133 Haitzinger © CCC/www.c5.net – Heinrich Heine, in: Nachgelesene Gedichte 1845-1856, 1. Abteilung: Zeitgedichte – Bertolt Brecht, Alfabet, in: Ein Kinderbuch, Aufbau Verlag, Berlin 1953

134 Fotos: dpa – picture alliance/dpa

136 Erde vom Weltall aus, Foto: NASA

137 Fotos: digitalstock (5) – © KNA-Bild (2) – Claude Cortier/ OKAPIA – © ADAC motorwelt – picture alliance

139 Fotos: digitalstock (8) – © Bildagentur-online – Mette Lüning, Kiel – Rolf Hartmann, München – © Kraftfeld.ch – Chiara Thoma, Sappenfeld – René Zelck, Essen – dpa

140 © Achmad Ibrahim/AP – Mann beim dua-Gebet in Mekka, Foto: dpa – s. zu S. 48 – picture alliance/dpa – Claudia Lueg, München

143 Nilab Shaker, in: Zeitung für Tierfreunde v. 23. Juni 2006, nach: Wolf-Rüdiger Schmidt, Geliebte und andere Tiere im Judentum, Christentum und Islam, Gütersloher Verlag, Gütersloh 1996

144 Fotos: Institut der Islamisch-Arabischen Wissenschaften, Frankfurt (2) – Astrolabium, um 1500, Messing – Quelle unbekannt

145 Fotos: © Pascal Klemmer, Hagen – digitalstock

146 Auszug aus einem Motiv einer Anzeigenkampagne (2005) der Hilfsorganisation Ärzte ohne Grenzen

148 Fotos: W. Hünicke, Sundern – Elke Obermeier, Würzburg – Christa Pilger-Feiler, München – Peter Wirtz, Dormagen – Roland Feucht, Passau – Ina Al-Moneyyer, Garching

150 Ammar 114, Islam bedeutet Frieden, T: Milkias Kebede, Garching

151 AP-Meldung 14.01.2001

154 Foto: Kerstin Ehmke-Putsch, Solingen – © picture alliance/dpa

155 Foto: G. Winkler, Bad Endorf

156 © Constantin Film, München

160 In: Margot Kahleyss, Muslime in Brandenburg – Kriegsgefangene im I. Weltkrieg, hg. v. Museum für Völkerkunde, Berlin 1998, Foto Nr. 44: Leichtathletik: Die Pyramide – Dunja Hayali, Moderatorin des „heute-Journals", ZDF, picture alliance/dpa – Türkische Gastarbeiter in den 60-er Jahren, Foto: Yusuf Parmak, Duisburg – Çem Özdemir, seit 2004 Abgeordneter des Europäischen Parlaments (Die Grünen / Freie Europäische Allianz), Foto: Bildarchiv des Dt. Bundestags – Boxerin Fikrye Selen © imago Sportfoto – „Ironman" Faris Al-Sultan, Foto: Tobias M. Wandinger

161 s. zu S. 160 o. l., Foto Nr. 83: Moschee im Halbmondlager mit Versammlungsplatz für propagandistische Veranstaltungen, Foto: O. Stiehl – Sportkletterin Etti Hendrawati, Indonesien, Foto: Matthew Moore – Autor Feridun Zaimoğlu, Foto: Poklekowski, Berlin – Lale Akgün, Köln, MdB, SPD-Politikerin, Foto: Bildarchiv des Dt. Bundestags

164 T/M: Bernd Ridwan Bauknecht, Bonn

165 nach: IPD Wegweiser, Teil II, S. 55

166 Grundgesetz der BRD

167 Andreas Ismail Mohr (geb. 1964), Pax, 2001, 30 x 40 cm, Acryl auf Leinwand

168 nach: REMID, 2006

169 Sitzender Buddha Amida, Japan, Späte Heian-Periode, Mitte 11. Jh., Zypressenholz, lackiert, 152,5 cm Höhe © Kyoto National Museum – Foto: Marianne Remy, Endlhausen – Kösel-Archiv – Gebetsteppich aus Zentralanatolien, 2. Hälfte 19. Jahrhundert, Foto: Rippon & Boswell, Zürich – mediacolors, Zürich – Siegfried Steiger, Günzburg

170 Grußkarte zum christlichen Weihnachtsfest und zum Jahreswechsel, Kösel-Archiv – Grußkarte zum christlichen Osterfest, Foto: Petra Kuhlmann, Heinsberg – Grußkarte zum hinduistischen Diwali-Fest, Foto: Eileen Chibb, Bochum – Grußkarte zum hebräischen Neujahrsfest, Foto: Kösel-Archiv – Grußkarte zum Fest Id Mubarak, IPD, Köln

173 Paul Klee (1879-1940), Mondaufgang – Sonnenuntergang, undatiert, Foto: Christie's/ARTOTHEK © VG Bild-Kunst, Bonn 2007

179 nach: Rudolf Neumann, Gib mir die Hand. Ethik, Wolf-Verlag

180 Fotos: Ali Kazuyoshi Nomachi © PPS, Pacific Press Service Ltd., Brooklyn – Mirsad Nikšić, München – Eid al Fitr im Oktober 2006 in den USA © Islamic Institute of Orange County/Masid Omar Al-Farouq

181 Hochzeit in Syrien, Foto: Lamya Kaddor, Duisburg – Fest in Nordafrika, Foto: Mirsad Nikšić, München – Tanz der Männer in Muscat/Oman, Foto: Heike Mertins, Dortmund – Tanz der Frauen im Oman, Foto: Peter Franzisky, München – Türkisches Opferfest, Kurbanfest in Herten, Foto: Brigitte Kraemer/teamwork

Alle Qur'ānsuren wurden von den Herausgeberinnen und dem Herausgeber aus dem Arabischen übersetzt und mit gängigen Kommentaren abgeglichen.